リスニング力と会話力UP!

決定版 英語 シャドーイング

玉井 健 著

超入門 改訂新版

コスモピア

『決定版 英語シャドーイング超入門』へようこそ

こんにちは。『決定版 英語シャドーイング超入門』にようこそ。

みなさんは、この本を手に取られたときにどんなことを期待されたでしょうか。みなさんの期待は純粋に将来かなえたい願望かもしれませんし、あるいは現在の英語学習についての悩みからくるものかもしれません。それは、会話表現を覚えてもリスニングができないから相手の言うことがわからない、TOEIC®テストのリスニング・パートのスコアが思うように伸びない、などといった、それぞれの心の中にある異なった苦手意識、不安意識の裏返しなのかもしれません。また一方で、リスニングの向こうには太平洋のように広大な世界が広がっているという期待感もありますね。

そうです、リスニングはいつもとてもドキドキそしてワクワクするものなんです。だからこそ英語がちゃんと聞けるようになりたいというみなさんの声が、私の耳には聞こえてきますし、そのお手伝いができればと思います。本書は、「入門」編へのさらに導入、入り口編ということで作られています。本書には大きくふたつの特徴があります。

ひとつめは、シャドーイングのやり方が抵抗なく勉強できるように工夫されているということです。シャドーイングは聞いた音をそのまま口に出すという訓練です。しかし、聞くのさえ大変なのに、そもそも口が動かない、という経験はありませんか。本書では英語のスピードの比較的短く、ゆっくりしたものを多く集めてあります。シャドーイングを初めてやるにはとてもよい教材ばかりです。

ふたつめは、イントネーションの基礎が学べるということです。本書では、日常生活の中で出会うさまざまなシチュエーションでの会話を集めてあります。歓喜や怒りや落胆などいろいろな感情表現を素材の中に散りばめていますので、シャドーイングしながら多彩なイントネーションを学ぶことができます。イントネーションが理解でき、表現できるようになると、みなさんのリスニングはグンと楽になるはずです。

あら、キノコがやって来ましたよ。キノコもね、みなさんと同じ、リスニングが苦手なんです。

キノコ：っていうけど博士ね、あたしもさ、いろいろがんばってきたんだけどダメなんだ。そんなに言うほどやさしくないんだよ、リスニングって。

博士：そうか。じゃあね、こう考えてみよう。キノコは今、リスニングという高い山を見ている。登るために知っておきたいことは何？

キノコ：まず道よね。だから地図がいるわ。ルートはひとつかしら。

博士：そうだね。地図を持たずに、ただ頂上を目印にまっすぐ登っていたのでは、他の道があることさえ選択肢に入らない。いったん登り始めるとどこを登っているのかもよくわからないし。キノコは体力はありそうだね。

キノコ：自慢じゃないけど。筋トレしてます。

博士：体力は大切なんだけど、とにかく体力と根性さえあれば何とかなると思って筋トレばかりやってなかった？（しげしげ）

キノコ：あたしの足、ジロジロ見ないで。いやあね。

博士：失礼！　今日はサンダルだけど登山靴のほうが歩きやすいだろうね。学校の先生にはリスニングがんばれって言われて、テキストについてるCD聞いてがんばったけれども、やっぱりしんどくなってやめてしまったってことない？

キノコ：だってただ聞いてるだけってつまらないんだもの。それに教科書っておもしろくないし。

3

いかがでしょう。地図があれば、自分のゴールがはっきりわかりますし、今、自分が長い進歩の道程のどこにいるのかを知ることができます。他の道を行くという選択肢があれば、同じゴールに向かうにも方法がひとつではないことを意味します。

　靴は山へ登るための最も信頼すべき道具のひとつです。リスニングのトレーニングでは、方法や教材が登山における靴にあたります。自分に適した靴を選ぶことによって、サンダルでは登れなかった沢や岩場も苦にならなくなるかもしれません。体力はさしずめ外国語の知識にあたります。

　語彙や文法知識が多いことはとても大切なのですが、それだけでは十分でないことはみなさんは百もご承知ですね。模擬試験で百点取れる人がリスニングはさっぱりということは珍しくないのです。逆に、体力（言語知識）のない人は山に登れないのかというと、そうでもないのです。少ない体力でも、いかに効率的に使うかを知っていればかなりいけるのです。

> **キノコ**：なんかうまいこというわね、博士。
> **博士**：うたぐり深い子だね、キノコは。

　話をリスニングに戻します。実際にはリスニング力向上にはいろんな方法があります。これまでは、「効きそうだったら何でもやってみよう」式の練習が語学学校でも中学・高校・大学でも多かったのではないで

しょうか。これは、病気になってもろくに症状を調べないで、薬箱の薬をあれこれと漁るようなものでしょう。長続きしませんし、効果も期待したようにはあがりません。

大切なことは、以下の3点です。

(1)まず自分の弱点、問題点をできる限り正確に把握する。
(2)問題解決のために最も効率的な方法を選ぶ。
(3)練習の過程を楽しめる適切な材料を選ぶ。

シャドーイングはリスニングの勉強法としては魔法の杖ではありません。その効果はどちらかというと限定的です。しかし効果の範囲がわかるからこそ、特定の部分に働きかけて、必要な技術や知識を会得して進歩することを可能にします。

シャドーイングが快適にできるようになったら、シャドーイングは卒業して、次の段階のリスニング訓練をすればよいのですし、ステップアップして例えば、通訳訓練やディベートなどに向かうのもよいでしょう。

シャドーイングを経験した生徒や学生からは、シャドーイングをやると楽しいという言葉が返ってきます。ガールフレンドと映画館に行って、映画を見ながら思わずシャドーイングしてしまって怪しまれたとか、防水のプレーヤーをお風呂に持ち込んで練習するのが楽しいという人もいるくらいです。

なぜシャドーイングは楽しいのでしょうか？　それを是非みなさんに体感していただきたいと思います。みなさんがシャドーイングを楽しいと感じ始めたとき、きっと山の頂上が目の前に近づいていることでしょう。

最後になりましたが、高校・大学で僕の授業につき合ってくれた生徒・学生諸君にお礼を申します。彼らから学んだことをシャドーイング教材として還元できることは最大の喜びです。

2008年3月

玉井　健

Contents

Stage 0 ……………………………………………………… 33

Stage 0の素材と到達目標について ……………………… 34

Stage 1 ……………………………………………………… 65

Stage 1の素材と到達目標について ……………………… 66

Stage 2

Stage 3

Contents

リスニングってそもそも何なのだ？
──ちょっと詳しく考えてみよう

会話は教科書通りには進まない

　私たちは今までリスニングでは痛い思いをしてきました。僕にも苦い経験はいくつもあります。高校生のとき、大阪で万博があって、田舎から出てきた僕は、レストランで外国人に話しかけました。今と違ってネイティブの教師なんて学校にはまったくいないときですから、外国人に英語で自分から話しかけたのはたぶん生まれて初めてのことでした。話したいという強い衝動に突き動かされての無謀な試みは生来の楽観主義にのみ支えられていました。それは中学校の教科書に外国人と会った際の会話が1レッスンあって、僕はそれを丸ごと暗記していたということからくる楽観的希望でした。え、そんなの何になるんだ？　そのとおり。僕の初会話は次のような感じでした。

> **健**：Hello. How are you?　（相手はFine, thank you. と応えて And you?と聞くはず）
>
> **相手の外人**：Fine, thank you. And you?　（来た来た！）
>
> **健**：Fine. My name is Ken Tamai. I'm 16 years old. May I speak to you?（よし、ここで相手はYes, you may.と応えるはず）
>
> **相手の外人**：Yes, you may.　（おお、狙い通り！）

　ナント会話は教科書通りに進み、それをよいことに質問をしたまではよかったのですが、相手は突如現れた天才少年に狂喜乱舞して!?　ベラベラと話し始めたのです。

> **健**：Where are you from?　（国名を答えるから、え〜とその後は天気を聞けばいいんだ）
>
> **相手**：We are from *#$%.　（ん、よう聞きとれんかったぞ。ま、いいか）

健: How's the weather?
相手: &%$#! %&#$!--!　（さ、さっぱりわからん）
相手: #$&%! %$#%?
健: ...　（ゲゲ……）
相手: &)(&$%#=~) %$ #???
健: ...　（う、わからん、勘弁してクレ……）

&%#!
%&#$!--!

　僕はもう冷汗百斗。話がどこにいったのかわからなくなった途端に途方に暮れることになりました。相手も、シンデレラの乗る馬車の魔法が解けてただのカボチャに戻ったように、突如言葉の通じなくなった天才少年を見て、明らかにとまどいの表情を見せ、やがてガッカリしたように Bye, bye. と言って首を横に振りつつ去っていきました。そうです、最後に僕がわかったのは Bye, bye. くらいだったのでした。

　会話が「想定の範囲内」で行われている間は、入ってくる音声にも予想がつき、返答も用意できますが、このときには、あっという間にその部分が終わってしまったために、後は予測がつかない、わからない、言えないのナイナイづくし状態に陥ってしまったわけです。みなさんも僕に負けない武勇伝をお持ちのことと思います。

この本は、そんなネイティブ・スピーカーと話しては、あるいはリスニングテストを受けては、悔しい思いをしている人たちのために書きました。本書を通して、リスニングとは何かを考え、シャドーイングを通して、リスニングの苦手意識を克服しましょう。

自分のリスニングの弱点はどこか

　みなさんは、リスニング力の向上を目指すには、いくつもの方法があることをご存じでしょうか。そしてそれはお医者さんが患者の症状を見て適切な薬や療法を選択するのと同じように、みなさんそれぞれの症状にあわせて選択すべきものだとしたらどうでしょう。みなさんはご自分の症状をご存じですか。そして選択する対処法は？

　シャドーイングは、リスニングの弱点に対処する療法のうちのひとつなのです。リスニング力アップには、闇雲にいいと言われたことをやるよりも、まずリスニングとは何かを正しく理解して、みなさんひとりひとりが自分に何が必要なのかを把握していただきたいのです。そうすると、シャドーイングの効能とその及ぶ範囲を考えながらシャドーイングを効果的に使うことができます。シャドーイングはとてもパワフルな訓練法ですが、決して万能薬ではないのですから。

リスニングのメカニズムを知ろう

　ではまず、人間がどのように聞いた音声を理解しているか、つまりリスニングのメカニズムについてお話ししましょう。

　リスニングの目的は、聞こえてくる音の流れをとらえて必要な情報をとる、つまり、ほとんどの場合はその「意味」を理解することです。これにはどんな能力がいるのでしょう。簡単に言うと、

(1) 鎖のようなつながりとして入ってくる音をとらえて、保持し、適当
　　な長さに切り分けて（チャンキング [chunking]）、意味をとるため
　　の能力
(2) そのために必要な言葉の知識と一般的な知識

のふたつが必要です。コンピュータに例えれば、さしづめ、

(1)はデータを処理する能力、　**CPU**、
(2)は音声データを処理するための**ソフトウェア**

でしょう。CPUの処理速度が速くなればたくさんの情報を早く処理でき、
リスニングの理解はラクになるでしょうし、ソフトウェアがよくできてい
れば意味理解もスムーズで正確になるでしょう。
　簡単に言えば、みなさんのリスニング訓練は、自分自身の CPU のスピ
ードを上げることと、より正確な処理を行うために自前のソフトウェアを
強力にしていくことのふたつにあると言えます。
　次ページの図は、人がスピーチを理解するとき、脳がどのようにそれを
処理して、理解にたどりつくかを表したものです。

リスニングで理解に至るまでの過程

　私たちが音声を聞くとき、その音声は、まず騒音か言葉か、聞く必要の
有無など、言葉としての特徴をチェックします。そして意味があると判断
した情報に、私たちは注意を向けます。空港で自分の飛行機がアナウンス
されたら聞き耳を立てますね。しかし、どうでもよい音は、すぐに消えて
しまいます。実は、注意力はリスニングの大切な要素なのです。

聞こえた音がわかるまで

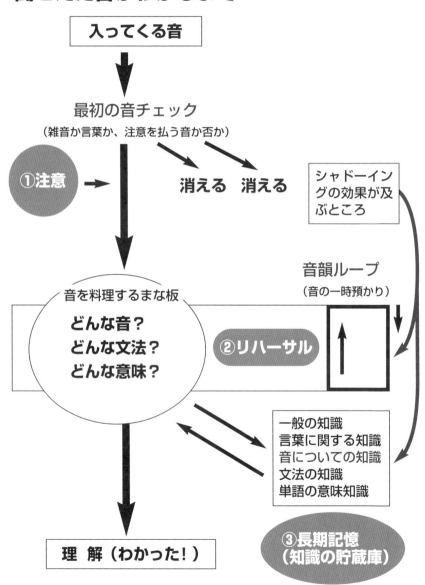

入ってくる音

↓

最初の音チェック
（雑音か言葉か、注意を払う音か否か）

①注意 →　消える　消える

シャドーイングの効果が及ぶところ

音韻ループ
（音の一時預かり）

音を料理するまな板
どんな音？
どんな文法？
どんな意味？

②リハーサル

一般の知識
言葉に関する知識
音についての知識
文法の知識
単語の意味知識

③長期記憶
（知識の貯蔵庫）

理　解（わかった！）

その次はワーキングメモリと呼ばれているところで、聞こえた音の保持と処理をするところです。真ん中の卵は、パソコンのCPU部分で、音を料理するためのまな板のようなものです。

卵の左右にある四角の右側部分は**音韻ループ**と言って、聞こえた音の一時預かりのようなところです。聞いた音を心の中で繰り返して維持するのです。これって何となくシャドーイングに似てませんか？

シャドーイングは、音韻ループで行われる繰り返しを、意識的に声に出して行う行為だと僕は考えています。繰り返す技術が上がれば音韻ループ内に取り込める音の量が増え、それによってリスニングを改善しようというのです。知識と言うより運動に近い部分です。

右下は長期記憶で、音を処理するためのソフトウェアの部分です。一般的な知識や、イントネーションや読み方などの音の知識、文法・語彙など知識がある場所です。音声が音韻ループ上にある間に真ん中の卵（CPU）が、長期記憶の言葉の知識を総動員して一生懸命に理解を行うのですが、このデータベースの知識が十分でないと、このソフトはへんてこな理解をしてしまいます。

理解は、持っているデータの影響を受けます。いくら豊富な語彙と文法知識を持っていても、イントネーションやアクセントなど音についてのデータが少ないと、正しい答えが検索にひっかかりません。読めば簡単な英語でも、聞くと理解できない——つまり、簡単なことがワカラナイのです。学校では、文法と語彙はしっかりやりますが、聞く量が絶対的に少ないので、音を処理するためのソフトが十分に育たないということになります。語彙や文法が「音」と結びついていないのです。

もう一度、左の図を見てみましょう。①、②、③と番号が３つ打ってあります。シャドーイングはいろいろな所に作用します。①は、集中して聞く注意力アップ。②は、素早く正確に繰り返す技術によって、瞬間的に保持できる情報量を増やし理解を正確にする。③はイントネーションやアクセント等の音の知識を増やすことによって、語彙や文法知識と結びつけ、入ってくる音声の処理をスムーズにすることです。

リスニングするコンピュータの処理能力を上げつつ、みなさんの持つ英語音声分析ソフトの性能をドンドン育てていきましょう。

リスニング力を上げるための方法

　リスニング力アップには、さまざまな方法があることはお話ししました。それは私たちの能力や知識のさまざまな部分がリスニングに関わっているからです。それぞれの性質は異なっていますから、それに応じた働きかけをしてやればよいことになります。また、効果の出現についても、短い時間で期待できるものもあれば、中・長期的な視点で取り組まねばならないものもあります。

　さてここで、リスニング力アップについて読者からの質問です。

Q シャドーイングの効果は、どのくらいで出てくる？

シャドーイング訓練を始めてどれくらいで、リスニングに対する効果は期待できるのでしょうか。私はシャドーイングは初めてですが、テスト直前に始めても効果があるのでしょうか？

A　シャドーイングは中期的な視点（1週間から3カ月）で取り組むトレーニングです。すでにシャドーイングができるならば、テスト前のウォームアップとして使えますから、短期的な効果は期待できます。でも音の繰り返しというシャドーイング技術の獲得には一定の訓練が必要ですから、初めての方がテスト直前にやり始めても効果はあまり期待できないでしょう。シャドーイングの技術をリスニングに活かせるようになるのに、早くて1週間から3カ月かかるのです。

Q シャドーイングの技術と効果の関係は？
練習量の目安は？

シャドーイングの技術と効果の関係をもう少し詳しく説明してください。また練習はどれくらいすればよいのでしょうか。

A シャドーイングには、聞いた音声をイントネーションも含めて意識的に正確に繰り返す技術が必要になります。そして、主に以下の4つの効果があると考えています。

1) 英語を繰り返す技術の修得によって、一時的に頭に残る英語が増えて理解が正確になる。
2) 英語を物理的に発話するスピードがアップする。
3) イントネーションやストレスなど英語のプロソディをとらえる力が向上し、それに伴い、理解力と理解したものを表現する力がアップする。
4) 高い集中力を維持しながら聞く力がアップする。

このうち、1) の繰り返す技術を徹底して攻めるのが中期的なトレーニングの柱です。早ければ1週間くらいでできるようになりますが、1週間から3カ月を目安としています。本書のターゲットはここに絞っています。

2) の英語を話すスピードは、訓練で口が英語の音をスムーズに発話できるようになると上がります。

注意していただきたいのは、シャドーイングは文法や語彙知識を直接増やすものではないということです。つまり、すでに持っている言葉の知識を、聞くと同時に繰り返すという運動と結びつけることによって活性化し、聞く力と発話表現力を同時に伸ばそうというトレーニング法なのです。

練習時間は人それぞれですが、1日10分から30分でよいでしょう。

基本的なシャドーイング・トレーニングの手順

博士がシャドーイング初心者のために用意した6段階のトレーニング・メニュー。このコーナーでは、それぞれのステップをどんなことに注意しながらやっていけばいいのか、また、どういう効果があるのかをくわしく見ていきます。シャドーイング超入門者の市川　恵さん(農学専攻の大学院生)に、読者代表として、実際に6段階のトレーニング・メニューを体験していただき、博士にいろいろ質問していただきました。

市川さんと玉井先生のレッスンの模様は、付属CDのTrack92-97で聞くことができます。さらに詳細を聞きたい方はhttps://www.cosmopier.com/eio/shadow.htmlからどうぞ。

市川：シャドーイングの練習って決まったやり方とか順序があるのでしょうか？

博士：音声を聞きながらそれを再生していくのがシャドーイングだから、それさえやっていれば、こうでなければならないっていうのはありません。でも、初めての人が初めての教材をいきなりシャドーイングしろって言われてもなかなかできないし、それは練習を苦痛にしてしまうだけでしょう。ここでは、私なりのオススメ練習手順をステップに従って説明します。慣れてきたら順序を入れ替えたりスキップしてもいいですし、自分独自の練習方法を開発するのも大歓迎です。

Step 1 リスニング

| リスニング | マンブリング | 確認 | シンクロ・リーディング |
| プロソディ・シャドーイング | | コンテンツ・シャドーイング | |

まずテキストを見ないで、聞いて特徴をつかもう

博士：まず一度、テキストを見ないで聞いてみましょう。全体の意味を漠然とでもいいのでとってみてください。わからなくても気にしないで。その他にもいくつも考えてほしいことがあります。

市川：たとえば？

博士：スピーチの特徴は何でしょうか。例えば聞いているスピーチの種類——ニュース、インタビュー、演説、ストーリーのナレーション、日常の会話——など、私たちが耳にするスピーチにはいろいろなものがありますね。あるいは、しゃべっている話者は何者なのか。ニュースを読むキャスターか、インタビューに答える小説家か。また、時はいつなのか、あるいは時間は関係しない一般的なことなのか。

市川：いろいろあるんですね。

*今回、レッスンで使用したのはCDのTack 38（本書Stage1 p.78）の途中までです。

博士：もうひとつ。その人の英語の特徴です。テンポの早い遅い、イントネーションがはっきりしている、していない、ということもあるでしょうし、アジア系、北米系、オーストラリア・ニュージーランド系、スラブ系、連合王国系、アフロ・アメリカン系など、その人の出身地や民族的な特徴さえわかるかもしれません。リスニングでは、意味をとることが最終目的です。でも、そこに至るにはたくさんのステップを踏む必要があり、こういったスピーチの全体的な特徴をつかむことは、意味がとれるのと同じくらいとても大切なことなのです。

Step 2　マンブリング

リスニング　マンブリング　確認　シンクロ・リーディング
プロソディ・シャドーイング　コンテンツ・シャドーイング

テキストを見ないで、聞いてブツブツ

市川：シャドーイングって難しいですよね。

博士：どんなところが？

市川：聞きながら音を出すところです。それに、自分の声が聞こえているので何を言ってるのかわからなくなってしまうんです。

博士：なるほど。スピーチを口の中でブツブツつぶやく程度の声でシャドーイングすることをマンブリングと言います。いきなりシャドーイングしようとしても、自分の声が邪魔になってリスニングそのものがやりにくい感じになるんですね。マンブリングでは口の動きが最小限ですむので、音声についていきやすく、自分の声に邪魔されることも少なくてすみます。シャドーイングに慣れないうちは、マンブリングがいいでしょう。イントネーションまで再生しなくてよいですから。サイレント・シャドーイングはまったく声を出さずに心の中で行うので、音による負担は少ないのですが、口の動きを伴わないと、どれくらい正確に自分がスピーチをとらえているのかわかりづらい点があります。小さくても自分の声で反応していくマンブリングは、シャドーイングの導入期にはとてもよいトレーニングです。

Step 3　テキストで意味や英語の確認

リスニング　マンブリング　確認　シンクロ・リーディング
プロソディ・シャドーイング　コンテンツ・シャドーイング

わからないときは早めにチェック

博士：マンブリングをやろうとしたけれど、単語がとれただけとか、スピーチ

の断片しか言えなかったということになりませんでしたか？　落ち込むことは
ありませんよ。英語をテキストで確認して、意味がわからなかったところは日
本語訳をまず読んで、テキストの内容理解を深めましょう。読み方がわからな
い語は、次のステップで、シンクロ・リーディングをやりながら、聞こえてく
る音声で正しい読み方を確認するのです。

市川：私、なかなかきちんと練習する時間がとれないんですけど。

博士：時間のない人、せっかちな人は、真っ先に日本語訳を読んで、それから
聞き始める「掟破りコース」もありますよ。

Step 4　シンクロ・リーディング

リスニング	マンブリング	確認	シンクロ・リーディング
プロソディ・シャドーイング		コンテンツ・シャドーイング	

とにかく「スピード」が命！

博士：音源で音声を聞きながらテキストを音読します。通訳トレーニングではパ
ラレル・リーディングとも呼ばれる訓練法です。ポイントは次のふたつです。

　1) 遅れずについていくこと

　2) 音の強弱やイントネーションをつかむこと

　シンクロ・リーディングは、テキストを見ながらなので、一見やさしそうで
すが、意外と話者のリズムと自分のリズムが合わないことが多く、慣れるのに
時間がかかるかもしれません。実はこれが、みなさんの今の英語とネイティブ
スピーカーの英語との、スピードとイントネーションにおけるギャップなのか
もしれません。そういう意味で、口の物理的な動きとイントネーションの改善
をしたいと思っている方に，シンクロ・リーディングは大変有効です。口を大
きく、柔軟に使うことを意識してください。テキストがあるのですから、とに
かく遅れないようについていきましょう。

Step 5　プロソディ・シャドーイング

リスニング	マンブリング	確認	シンクロ・リーディング
プロソディ・シャドーイング		コンテンツ・シャドーイング	

とにかく「音の再現」に意識を集中

博士：聞こえてくるスピーチを聞きながら、できるだけ正確に英語で再現しま
す。いわゆる「シャドーイング」はプロソディ・シャドーイングです。途中で
つまずいて言えなくなってもかまいません。きっかけをつかんで、シャドーイ

ングを再開しましょう。市川さんはどんな感じ？

市川：頭に文は浮かぶんですが、それが口に出てこないんです。

博士：頭に文が浮かぶってことは、内容はわかるということですね。それが口に出ないというのは、シャドーイングという行為に慣れていないからでしょうね。こういう時は負担を減らす目的で、マンブリングをしてもいいし、シンクロ・リーディングで物理的に音を出す訓練もオススメです。ほかには何かありますか？

市川：シャドーイングするときに発音がひどいんですがどうしたらいいですか。

博士：シャドーイングの第1の目的は「音の再現」におきます。ですから、自分の発音に意識がいかなくても気にしない。個々の音の改善は別にやったほうがよいと僕は思っています。

市川：それから、シャドーイングしているときに意味がとれないんですが、どうしたらいいでしょうか。

博士：正確なリスニングは、正確な音声の把握にまず支えられているので、この段階では、意味よりも、正確な音声の再現を大事にしてほしいのです。つまり「意味はあまり気にしないでおこう」というスタンスです。しかし、これはリスニングでは意味を把握することをおろそかにしてもいい、ということではありません。音声がとれれば、頭は自動的に意味を追うようになりますから。

Step 6　コンテンツ・シャドーイング

リスニング	マンブリング	確認	シンクロ・リーディング
プロソディ・シャドーイング		コンテンツ・シャドーイング	

「意味」に意識を！

博士：音声がとれてきたら、意識を意味に向けてみましょう。内容をとりながらシャドーイングするのです。音声だけに意識をむけてシャドーイングしているときとは違った負荷がかかるのがわかるはずです。内容をとりながらのシャドーイングと言うことで、これをコンテンツ・シャドーイングと言います。声の大きさはマンブリング程度。シャドーイングしながら同時に意味がスルスルととれてくる感覚をあなたにも知ってほしいのです。

　以上、シャドーイング練習の6つのステップについて説明しました。自分で自分の練習方法がデザインできたら、もうあなたは十分なエキスパート・リスナーですよ。さあ、始めましょう。

「シャドーイング」とその仲間たち

キノコ：「シャドーイングとその仲間たち」ってさ、どういうことなの。シャドーイングはシャドーイングじゃあないの？

博士：いい質問だね。実はシャドーイングの周辺にはいろいろな練習方法があって、それらは互いにとてもうまく結びついてるんだ。

キノコ：へえ。

博士：こういうことだ。シャドーイングは、元来、通訳訓練に使われている技能向上のための練習法のひとつにすぎなかったんだ。そして、通訳技能向上のための訓練法というのは、シャドーイングを含めて元々たくさんあったんだ。でも、外国語教育分野で、シャドーイングがリスニング力向上に有効だということがわかってきて、今度は、リスニング力向上のためにシャドーイングや、それに関連した他の方法もあわせて注目され始めたのさ。

キノコ：なるほど、ワケありってことね。

博士：それ、チョット違うと思いますけど……。キノコはシャドーイングやったことあるかい？

キノコ：あるわ。でもむずかしい。

博士：そうだね。そもそもシャドーイングは、そんなに簡単な練習法とは言えないね。

キノコ：そうよ、それを博士はやろうってんだから……ブツブツ。

博士：誤解しちゃいけない。やさしくないからこそいろいろな練習法があるのさ。抵抗なくできるレベルから始めて、違ったタスクを組み

合わせながらだんだんと頂上を極めるんだ。2階に飛び上がれなくても階段使えば上れるでしょ。

キノコ：うまいこと言うわね。

博士：決してやさしくはない練習法だから、他の練習法と組み合わせて少しずつ準備をしていくと、もっと楽にあるいは楽しくできるってこと。

キノコ：なるほど。すぐにはむずかしいけど、少しずつやれば大丈夫ってことね。

博士：その通り。

キノコ：頼りにしてまーす。

博士：それだけじゃないよ。シャドーイングはね、やり方に慣れてくると、それだけを行うことでリスニング力の維持・向上だけでなくってスピーキングにも有効なんだ。僕も授業の前にシャドーイングでウォーム・アップしてるくらい。

キノコ：へえ、そうなんだ。

博士：でも、シャドーイングしたからって急に話せるようになるわけじゃないよ。スピーキングでも、音の変化、イントネーションなど、つまりプロソディの修得にはおススメ。

キノコ：そんなむずかしいこと今言われてもわかんない。

博士：そこはまた後で説明しよう。

キノコ：お願いしま～す。

博士より読者のみなさんへ

　次ページより、シャドーイングの基本的な練習法の説明をして、あわせて通訳訓練で使われているさまざまな訓練方法についても説明します。本書ではシャドーイングとシンクロ・リーディングを中心に扱いますが、読者のみなさんはご自身の興味や好みにあわせて他の方法も是非試してみてください。それぞれにとても意味のある練習法です。

シャドーイング (shadowing)

　音声を聞きながら、聞こえたことをほぼ同時に繰り返して言うリスニングの訓練法です。テレビやラジオのニュースでも、映画でも講演でも、聞いたことを繰り返すことはどこでも手軽にできますね。シャドーイングは、目的に応じて下記の２種類あります。

■プロソディ・シャドーイング (prosody shadowing)

　ひとつは、聞いたことの正確な復唱（繰り返して言うこと）を目的とするプロソディ・シャドーイングです。単にことばの再現だけでなく、英語のプロソディックな要素（ストレス、高さ、長さ、速さ、リズム、イントネーション、ポーズなど言葉の音声的な特徴）をも正確に再現しようとすることが大切です。

　プロソディ・シャドーイングを行うときには、できるだけ正確に音をつかまえることに力点を置きますので、聞いた後、実は意味はよくわかっていない、ということがあっても気にしなくて結構です。そのかわり、文と文、言葉と言葉の間に、"uhhh..." のような特に意味のない音が入っても、そのまま正確に繰り返すのです。

■コンテンツ・シャドーイング (contents shadowing)

　もうひとつはコンテンツ・シャドーイングと言って、聞いているスピーチの「意味」に注意しながら繰り返す練習方法です。コンテンツ・シャドーイングをするときには、注意を意味の把握におきますから、シャドーイングをしながら、頭では意味をしっかり追ってください。TOEFLやTOEICなどのテストを受けている時には、意味理解が命ですから、コンテンツ・シャドーイングが役に立ちます。

　　普段のシャドーイング練習ではプロソディ・シャドーイングをやるとよいでしょう。

> キノコ：プロソディ・シャドーイングをやるときには意味はどうでもいいの？
> 博士：どうでもいいという意味じゃない。
> キノコ：はっきりしないわね。
> 博士：人間の頭はほっといても意味を取りたいと常に思っているよ。でも、あえて意識を音声において正確に流れてくる音の流れをとらえようとする訓練っていうこと。プロソディ・シャドーイングとコンテンツ・シャドーイングの差は意識を音声と意味のどちらに置くかだけの違いと考えればいい。
> キノコ：リョーカイ。

マンブリング / サイレント・シャドーイング (mumbling/silent shadowing)

　ふたつの違いは声の有無（出す・出さない、大きい・小さい）だけで、小さな声でブツブツとつぶやく(mumble)ように行うシャドーイングをマンブリング、口元は多少動かしても、声に出さずに行うものをサイレント・シャドーイングと言っています。電車の中など、声を出せないところで練習したいときはサイレント・シャドーイングが便利ですね。また，英語を教えている方で、教室などで多くの生徒たちに練習させたいときには、サイレント・シャドーイングか、マンブリングがよいでしょう。

　本書の材料は発話スピードが110語から160語と、教材としては比較的遅いものを中心に集めています。最初シャドーイングを始めたばかりの頃は、英語を声に出すこと自体に難しさを覚えることでしょう。そういうときには無埋をせず、小さな口の動きで

音を追っていくマンブリングが有効でしょう。

シンクロ・リーディング（synchronized reading）

　パラレル・リーディングとも言いますが、音声を聞きながらテキスト（原稿）を読みます。早いものはまず遅れずにとにかくついていく、そして全部口に出して音読できることを目指します。話し手のスピーチのプロソディックな特徴も再現できたらバッチリ。発音の良し悪しよりもモデル音声についていけるかどうかが、一番のポイントです。シャドーイングがむずかしいなと思ったら、まずシンクロ・リーディングを繰り返すことをすすめます。特に速い教材で、スピードについていけない、と思ったら、シンクロ・リーディングを何度も行ってください。シンクロ・リーディングは原稿を見ながらの活動ですが、スピードとプロソディの習得にはとても役に立ちます。

> キノコ：あら、頼もしいわ。あたしリスニング苦手だから頼っちゃうかも。
> 博士：そうだね。シャドーイングができないと思ったら、しばらくはシンクロ・リーディングだけやってみてほしい。特に口を動かすことが苦手な人にはおすすめだ。縁の下の力持ちのような練習法なんだ。キノコを支えるのは大変そうだけど。
> キノコ：余計なお世話！

スピード・リーディング（speed reading）

　テキストを可能な限り速く音読します。1分間のスピーチ速度が160を超えると、物理的にシャドーイングが追いつかない場合が出てきます。そういう時にはテキストをできるだけ速く音読し、顎や唇、舌などの動きをアップすることによって、自分のスピーチ速度を向上させることができます。「こりゃ口がついていかない」と思ったら、音を聞かないで物理的にどれだけ早くテキストを音読できるかをやってみてください。発音、イントネーションなどは無視しても結構ですから、音声のスピードに負けないスピードで音読できるかだけを目標にしてください。これは音読の100メートル走。なりふりかまわず、走ってみましょう。

> キノコ：あたしね、読めない単語が必ずあるの。途中でつまっちゃう。
> 博士：そう、でも心配しないで。キノコだけじゃないよ。誰しも読めない単語はあるからね。読む前にはすべての単語の読みを確認しておこうね。最初はカナをふってもいい。練習しながら修正していけばいいから。でないと転んじゃうからね。

スラッシュ・リーディング（slash reading）

　テキストを読む際に、句や節、あるいは意味の切れ目ごとにスラッシュ（／）を入れて、あるいは入れながら読むことです。通訳訓練では、順送りの訳をするサイト・トランスレーション（原稿を見ながらの通訳）を行いますが、意味のまとまりが視覚的に捉えられるので、前段階としてスラッシュを入れながら読みます。Stage2、3ではプロソディ・シャドーイング用に、話者の息の切れ目を中心にスラッシュが入れてありますので参考にしてください。もちろんご自分でドンドン手を加えていただいて結構です。

スラッシュ・リスニング（slash listening）

　テキストを見ながらスピーチを聞く際に、音声や意味、文構造の切れ目ごとにスラッシュを入れながら聞くことを言います。その後の活動として、スラッシュごとに音声を止めて理解した内容を訳出することが可能です＊。

　英語を聞いたときに、音の切れ目がとらえられなくて混乱したことはありませんか。そんな時はまず音声を聞きながら原稿にスラッシュを入れてみましょう。特にシンクロ・リーディングさえむずかしいと思われるスピードの早いスピーチは、まず、スラッシュ・リスニングをやって切れ目を確認する作業をしておくと抵抗感が減ります。

> キノコ：初めて聞く英語ってスラッシュ入れるのも大変よ。
> 博士：そうだね、慣れないうちは特にね。でも、聞きながらスラッシュを入れる作業は、それ自体がとてもよいリスニング訓練なんだ。
> キノコ：そう〜お？
> 博士：疑り深いね、キノコは。スラッシュを入れる作業は、音のかたまり（チャンク）をとらえる訓練なんだ。音をかたまりとしてとらえるのはリスニングの最も基本的な訓練なんだよ。赤ちゃんもお母さんの声を聞きながら、チャンクをとらえようとしているんだ。
> キノコ：へぇー。へー。へー。
> 博士：(- -;)

リテンション（retention）

　もともとは、聞いた音声を一時的に記憶しておくことを言いますが、通訳訓練法として、文単位の発話を聞いて記憶して、直後にその内容を口頭で正確に再生する練習方法をリテンションと呼んでいます。リピーティング、あるいはオーラル・ディクテーションとも言います。一文すべてを記憶するためには、高度な注意力と文の構造などに対する知識、文やもっと大きな話の単位としての談話の意味理解が必要となり、かなり負荷の高い練習方法です。

> キノコ：むずかしそう。
> 博士：でも、最初は短い文からやってみるといい。とてもいい練習になるよ。

サイト・トランスレーション（sight translation）

　原稿を見ながら、適当な訳出ユニットごとに、順次、目標言語(target language)に口頭で訳出していくことです。通訳訓練では「サイトラ」と簡略化して呼ばれます。入学試験用の訳と大きく違うのは、音声言語に沿って訳をしなければならないので、後ろから前へ返ることが制限されます。したがって「順送りの訳出」と言われるように、聞いたことをそのまま頭から日本語に訳していく技術が培われます。また、リアルタイムの訳出ですから、時間的に大きな制約を受けます。この延長上に同時通訳があるわけです。スラッシュ・リーディングの後、このサイト・トランスレーションをやると、意味の切れ目がハッキリとわかるようになるでしょう。

　＊（田中深雪：2003）

サマライゼーション（summarization）

　聞いた内容の大意を口頭で要約して述べることです。英語のスピーチを聞く場合は、英語で要約する場合と、母語の日本語で要約する場合の2通りがあります。いずれにせよ、大きな単位で意味を把握する能力向上に効果的です。

> キノコ：まとめだなんて、アタシには無理。
> 博士：でも、英検の2次面接ではそういう質問があるでしょ？
> キノコ：そういえばそうだ。リスニング苦手なのにスピーキングもやるのね、たいへん。
> 博士：意味さえ取れれば、大丈夫だよ。リスニングとスピーキングはどちらも「意味」の受け渡しの作業だからね。別物と考えずに、ひとつのものと考えよう。

パラフレイジング（paraphrasing）

　聞いた文を、別の表現を用いて言い替える練習はパラフレイジング（paraphrasing）と言い、表現力を豊かにするのに効果的です。日英の通訳訓練にも有効な練習法です。英作文の実力アップにパラフレイジングはもってこいの練習なので、受験生の方々にもおすすめします。パラフレイジングは、さまざまな単位で行うことが可能です。単語レベルから句、節、文、それを談話単位でやればサマライゼーションです。

同時通訳（simultaneous translation）

　ご存じ、通訳の方法のひとつで、話し手が話し終わるのを待たずに、スピーチを聞きながらほぼ同時に訳出していくことです。シャドーイングには、日−英・英−日など、言語の変換という、通訳の本質的な要素はないものの、同時性という点で同時通訳と同じ要素を持った訓練と言えるでしょう。ただし、通訳の命は「意味」にあります。シャドーイングはあくまで通訳訓練法のひとつであって、同じ言語で繰り返すという形式によって「意味」という負荷を取り除いているのです。そういう意味で、シャドーイングをいくらやったからと言って同時通訳が上手になることには必ずしもつながりません。しかし、リスニング練習法としては意味の負荷がない分だけ楽なのです。

逐次通訳（consecutive interpretation）

　最も一般的に行われている通訳のひとつの形式です。話し手が話し終えたり、適当な個所で話を止めたところで、それまでをまとめて通訳していく通訳法です。一度に訳出する量が多くなりますので、正確を期するためにもメモをとる技術が必要になります。訳出の単位は数文単位から数分にわたる長い単位の訳出までさまざまです。

> キノコ：わぁ、「シャドーイングとその仲間たち」って、どんなのがあるのかと思ってたけど、こうしてみるとたくさんあるもんなのね。
> 博士：そうだよ。それぞれに特徴があるんだ。練習しながら少しずつ新しい方法を試していくといいね。
> キノコ：そのつど新しいことに挑戦するって楽しそう。
> 博士：そのとおり。リスニングは楽しくなきゃね。
> キノコ：ついでにスピーキングも練習しちゃう。
> 博士：その意気だ。

本書のシャドーイングの練習は、大きくStage 0～3の4つのレベルに分かれています。

Stage 0

　Stage 0 は、短く、やさしい会話を中心に練習します。「短い会話」・「短いモノローグ」のふたつのセクションから構成されています。「短い会話」は9つの短い会話をゆっくりしたスピードで録音して、それをふたつの部分に分け、そのあとで同じ会話を少し速いスピードで通して録音したものを聞いて練習します。6段階のシャドーイング練習のステップをここでしっかり理解して慣れましょう。

最初は英文を見ないで、リスニングとマンブリング！

英文は意味チェックの段階で見てください。Step1 リスニング、Step2 マンブリングの段階では英文は見ないようにしましょう。

博士とキノコのユーモラスなやりとりを通して、練習のポイントなどを解説します。

Stage 1

Stage 1では、身近な感情表現や定番表現の素材に練習します。イントネーションとよく使う表現を自分のモノにしてください。

Stage 2 と Stage 3

Stage 2、3は、ニュース台本があるVOA Special English News以外はすべて、台本がないインタビューやモノローグなどのなまの語りを素材にシャドーイングの練習をします。Stage 2 と Stage 3 では重なるインタビューなどがありますが、同じ話者でも Stage 3 のほうがやや話題の抽象度が高く、速いスピードのものが多くなっています。

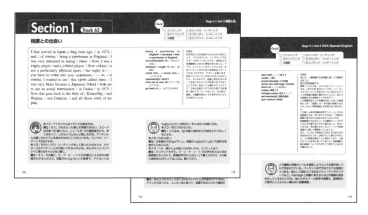

Self-Check Test

Stage 2 Unit 1 をのぞく、Stage 2と3の各ユニットの最後に、Self-Check Test があります。どのくらいシャドーイングできる用になったか確かめましょう。できれば自分のシャドーイングする声を録音しましょう。色アミがかかっている単語がきちんと発音されているかをチェックします。

※ここでいうシャドーイングとは、プロソディ・シャドーイングを指します。

プロソディ・シャドーイングで、チェック！

アミのかかった単語は各英文に25個ずつあります。できた数を4倍すると100点満点で換算されます。

得点ごとのレベルと今後の練習へのアドバイスが示されています。Stage2は3段階、Stage3は4段階で示されます。

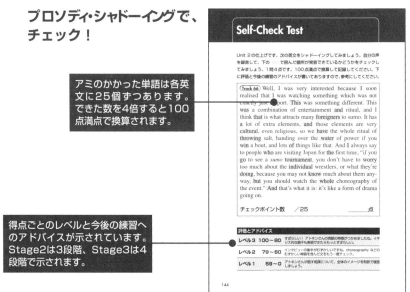

各Unitのとびら

各 Unit の冒頭に、話し手の語りの特徴、背景などが説明してあります。Unit を通しての素材のスピードが wpm (words per minute =1分間で何語しゃべっているか) で示されます。

音声を聞くには？

音声をスマートフォンや PC で、簡単に聞くことができます。

方法1 スマホで聞く場合

面倒な手続きなしにストリーミング再生で聞くことができます。

※ストリーミング再生になりますので、通信制限などにご注意ください。
また、インターネット環境がない状況でのオフライン再生はできません。

このサイトにアクセスするだけ！

→ https://on.soundcloud.com/WoD3X

❶ 上記サイトに**アクセス！**

❷ アプリを使う場合は SoundCloud に アカウント登録（無料）

方法2 パソコンで音声ダウンロードする場合

パソコンで mp3 音声をダウンロードして、スマホなどに取り込むことも可能です。

（スマホなどへの取り込み方法はデバイスによって異なります）

❶ 下記のサイトにアクセス

https://www.cosmopier.com/
download/4864542067

❷ 中央のボタンをクリックする

音声は PC の一括ダウンロード用圧縮ファイル（ZIP 形式）でご提供します。
解凍してお使いください。

電子版を使うには？

音声ダウンロード不要 ワンクリックで音声再生！

本書購読者は
無料でご使用いただけます！
音声付きで
本書がそのままスマホでも
読めます。

電子版ダウンロードには クーポンコードが必要です

詳しい手順は下記をご覧ください。
右下の QR コードからもアクセスが
可能です。

電子版：無料引き換えコード
H4ea7

ブラウザベース（HTML5 形式）でご利用
いただけます。

★クラウドサーカス社 ActiBook電子書籍
（音声付き）です。

●対応機種
・PC（Windows/Mac）　・iOS（iPhone/iPad）
・Android（タブレット、スマートフォン）

電子版ご利用の手順

❶コスモピア・オンラインショップにアクセス
してください。（無料ですが、会員登録が必要です）

https://www.cosmopier.net/

❷ログイン後、カテゴリ「電子版」のサブカテゴリ「書籍」をクリックして
ください。

❸本書のタイトルをクリックし、「カートに入れる」をクリックしてください。

❹「カートへ進む」→「レジに進む」と進み、「クーポンを変更する」をクリッ
ク。

❺「クーポン」欄に本ページにある無料引き換えコードを入力し、「登録す
る」をクリックしてください。

❻ 0円になったのを確認して、「注文する」をクリックしてください。

❼ご注文を完了すると、「マイページ」に電子書籍が登録されます。

Stage0

　さあ、はじめてのシャドーイングの練習です。
　英語の音に慣れることができるように、最初はゆっくりした短い会話から練習します。
　シャドーイングの基本的な練習のプロセスにも慣れていきましょう。

Stage 0 の素材と到達目標について

　超入門は、リスニングは苦手中の苦手、シャドーイングなんて初めて
に決まってる、でも何とかしたいっていうような人たちのために、私た
ちが一緒に勉強することを考えて作りました。ということでステージも
1からではなく0（ゼロ）から始める4段階構成。ここではまず Stage 0
の目標と選んだ素材について説明します。

Stage 0 のテーマ

シャドーイングとは
何かを知って慣れること

　Stage 0 のテーマは、シャドーイングとは何かを知って慣れること。
シャドーイングとは、英語の音声を聞きながら、聞いたとおりに再生す
る英語トレーニング法です。シャドーイングのむずかしさは、新しい情
報を聞きながら、同時にコンマ何秒以前の発話を口頭で再生していくと
いうところにある、と言っても過言ではありません。ですから、Stage
0の目的は、みなさんにシャドーイングに慣れてもらう、いやまず、英
語を口にすることに慣れてもらうことにあります。塾や学校で一生懸命
勉強してきたわりには、意外なほど、私たちは自分の口を動かしてない
のですから。

　Stage 0 では、聞きながら発話するというシャドーイングに対する抵
抗感をできる限り小さくするために、会話は普通の半分のサイズにして、
スピードもゆっくり（分速70〜130語）にしてあります。Stage 0 では、
とにかく聞いた英語をほぼ同時に口に出していきましょう。そしてシャ
ドーイングがどんなものかをまず体感してください。

Stage 0の材料は、日々の生活でどこにもありそうなひとコマから切り取りました。そこには英語圏の日常生活で遭遇するであろうさまざまな感情が網羅されています。怒りや恐怖など、異なるそれぞれの感情をとらえてイントネーションまで表現することを目標にしましょう。では、キノコといっしょにさあ始めましょう。

以下にStage 0での目安を示します。

金 シャドーイングで80％以上の再生率

シャドーイングの基礎はちゃんとできたようです。聞いた音声は自分の英語として再生できるようになりました。今度は、イントネーションも表現できるようになるといいですね。また、よりはっきりした声でのシャドーイングも目標にしましょう。

銀 シャドーイングで60％以上の再生率

シャドーイング自体はだいたいできるようになってきていますが、ところどころ言葉が出てこなかったり、詰まったときのリカバリーができにくいところがありますね。落ちついて聞いたことがそのまま音にできるようにしましょう。

銅 シャドーイングで60％未満の再生率

まだ、聞こえる英語を口にすることがむずかしいようですね。まず日本語訳を読んで意味を頭に入れましょう。次に単語の読みと意味を確認しましょう。それからシンクロ・リーディングを10回やってみてください。きっと次のステップに行けるはずです。

No.1 はじめまして

キムとクリスが初めて会って

Track 02

1

A: **Hi**. I'm **Ki**m. What's **your** name?

B: I'm Ch**r**is.

Track 03

2

A: Where are you f**ro**m, Ch**r**is?

B: I'm from **Da**llas. How about **you**, Kim?

A: I'm from Pittsburgh.

> **Where are you from?:** どちらのご出身
> ですか？　答えるときには、**I'm
> from...**（〜出身です）

Check!

☐ ①リスニング　　☐ ④シンクロ・リーディング
☐ ②マンブリング　　☐ ⑤プロソディ・シャドーイング
☐ ③確認　　　　　　☐ ⑥コンテンツ・シャドーイング

博士：さあ、初めてのシャドーイングだ。用意はいいかい？　まず音を聞きながら口を動かすことに慣れよう。Stage 0ではいろいろな感情表現を体感しながら、どのように表現するかも勉強するよ。

キノコ：それ、なんか楽しみ。だって英語で感情をどうやって表すかって知らないもん。言ってることはわかっても口動かず。

博士：最初はみんなそう。徐々に慣れていくよ。

キノコ：発音メタメタ。

博士：気にしない。気にしない。今はまず、英語を聞きながらほぼ同時に口に出していくということに慣れよう。キノコは文の終わりまで待ってから言ってるけど、遅らせる必要はない。聞きながらほぼ同時に聞いた英語を口に出す感じ。

キノコ：そうか、アタシは待っちゃうんだ。聞き終わってからでないと言えないけど、聞きながらなのね。

博士：それがシャドーイングの最初のハードル。最初のうちは、声はボソボソでいいし、発音などまったく気にしないでいい。ただ、聞きながら英語を口に出すって行為に慣れよう。

1 A: こんにちは。私はキム。あなたは？
　　 B: クリス。

2 A: クリス、どちらのご出身？
　　 B: ダラス。君は？
　　 A: 私はピッツバーグ。

No.2 日本の印象は？

日本の印象は？　好きでないところは？

Track 04

1

A: Chris, what do you think of Japan, and your life here?

B: I like Japan a lot. People are friendly and kind. The streets are safe. Safer than my country, at least.

> **What do you think of...?:** 〜のことど
>   う思う？
> **at least:** 少なくとも

Track 05

2

A: Anything you don't like about Japan?

B: Everything is expensive. The Shinkansen, especially. It's fast and safe, no doubt, but horribly expensive.

> **Anything you don't like about**
>   **Japan?:** 文頭に Is there が省略。
> **especially:** 特に
> **horribly:** 恐ろしく
> **no doubt:** 確かに

Check!

- ①リスニング
- ④シンクロ・リーディング
- ②マンブリング
- ⑤プロソディ・シャドーイング
- ③確認
- ⑥コンテンツ・シャドーイング

キノコ：いきなり、Chris, what do you think of...? にはちょっとビックリ。

博士：日本滞在中のクリスに日本の印象を聞いたものだけど、中味がわかったの？

キノコ：What do you think of...? なんて、いきなり何てことを聞くのって。やっぱHiで始めてほしい。

博士：聞こえるものは何でも自分のモノにしちゃおう。

キノコ：最後の行さっぱり言えないって感じ。

博士：確かに文は短いけど、ひとつひとつの単語がやさしくない。especially も horribly も最初の音節にアクセントがあるからね。

キノコ：あー、いきなりノックアウト。だけど英語の単語って不思議。英語っぽいのばかりかと思ってたら、シンカンセンだなんて。しかもアクセントがあって何か別物みたい。

博士：そうだね。シンカンセンっていう６つの音からなる平坦な日本語が、英語になると Shin-kan-sen って３つの音節があって、その最初にアクセントを持つ語に変わったんだ。音と音の結びつき方が変わったんだね。

キノコ：へー、６つが３つになったんだ。ナルホド。響きが違うわけね。

1 A: クリス、日本と日本での生活、どう思う？

B: 僕はとっても日本が好きだ。みんな親しみやすいし、親切だし。通りは安全だし。少なくとも僕の国よりはね。

2 A: 日本のことで好きでないことは？

B: なにもかも高いね。新幹線なんか特に。速いし安全なのは確かだけど、恐ろしく高いよ。

No.3 あんな家がほしい

運転中のクリスにキムが話しかけています。

Track 06

1

A: Wow, Chris, look at that house.
B: Which one? I just can't look away.

look away: よそ見をする、脇見をする

Track 07

2

A: There, the one on top of the hill. It has white and blue roof tiles. That's cute. Could you get one like that for me?
B: Of course, honey, if you could wait about 20 years. Or would you like to marry a rich guy?

on top of...: 〜の上
roof tiles: 屋根瓦

Check!

□ ①リスニング　　□ ④シンクロ・リーディング
□ ②マンブリング　□ ⑤プロソディ・シャドーイング
□ ③確認　　　　　□ ⑥コンテンツ・シャドーイング

キノコ：豪邸を見てキムの驚いた様子がおもしろいわ。

博士：でしょ？　シャドーイングするときは、そういうところもそのまんま言っちゃおう。ネイティブのイントネーションを盗むんだ。盗んで自分のモノにしちゃう。自分の口でイントネーションがつけられるようになると英語は自由自在。楽しいよ。

キノコ：white and blue roof tiles って言いにくいわ。

博士：言いにくさを感じたらシンクロ・リーディング (*p.20*) !!　まずテキストの英文をスムーズに音読できるようにする。それから聞きながらシンクロ・リーディング。

キノコ：シンクロ・リーディングすると何かいいことがあるのかしら。

博士：たくさんあるよ。まず、
1) 自分の思っていた音と違うところが修整できる。
2) 自分の口の動きがスムーズになる。
3) シャドーイングのとき、どんな音が入ってくるかが予測しやすくなる。
4) イントネーションがわかる。

キノコ：シンクロ・リーディングって大切なんだ。

博士：うん、とてもとても。何より、聞いた英語を口にするのは楽しい！

1 A: あら、クリス。あの家を見て。
　　B: どの家？　脇見できないんだ。

2 A: ほらあそこ、丘の上の家よ。白と青の屋根の。すてきだわ。あんな家を買ってくれないかしら。
　　B: もちろん。20年くらい待ってくれたらね。それとも、君はお金持ちと結婚するかい？

No.4 今夜遅くなるですって?!

夫から電話がかかってきました。

Track 08

1

A: I'll be home late tonight, honey. I have a business dinner.

B: A... a business dinner?! Tonight?! You must be joking!

> You must be joking!: 冗談でしょう

Track 09

2

A: But... you have business dinners, too. What's the big deal?

B: What's the big deal?! Joe... do you know what day it is today? It's July first! Our anniversary! And you forgot! I don't believe it!

> What's the big deal?: それがどうした、何を騒いでいるの？
> anniversary:（結婚）記念日

Check!

□ ①リスニング　　　□ ④シンクロ・リーディング
□ ②マンブリング　　□ ⑤プロソディ・シャドーイング
□ ③確認　　　　　　□ ⑥コンテンツ・シャドーイング

キノコ: うわあ、コワイねー。どこかでよくある話って感じ。仕事のおつき合いで晩御飯食べるのって business dinner っていうんだ。でも、奥さんの声が旦那さんの返事で変わっていくのがおもしろい。

博士: そうそう。イントネーションに気をつけて繰り返してみよう。tonight なんて、まさかって感じだね。

キノコ: あー、旦那さんってどうしてこうニブイのかしら。洋の東西を問わないのね。

博士: ずいぶん手厳しい。

キノコ: だって What's the big deal? って「それがどうしたの」っていう意味でしょ。サイテー!

博士: まあまあ。はいシャドーイングの練習しましょ。Do you know what day it is today? は奥さんがキレる一歩手前の聞き方だね。信じられないっていうような。

キノコ: あたしも言いながらキレちゃいそう。

博士: オイオイ、落ち着いてね。でも、ここは怒りを押し殺したまま、語気を強めながらクッキリとした話し方でシャドーイングしたい。怒れるキノコのまま行っちゃおう。すごい、イントネーションまでそっくり!　いいよ、とてもリアルで。

1 A: 今夜は遅くなるよ。ビジネスディナーなんだ。

B: ビ、ビジネスディナー?　今夜?　もちろん冗談よね。

2 A: だけど、君だってビジネスディナーに行くことくらいあるだろ。それがどうしたんだよ。

B: それがどうしたですって?　ジョー、今日が何の日かわかる?　7月1日よ!　私たちの結婚記念日!　忘れてたのね!　信じられない!

43

No.5 謝らなければならないのは僕のほう

ふたたび夫婦の会話。

Track 10

1

A: Did I make you upset? I'm sorry. I just lost my head.

B: No, honey, you were not wrong. It's me that needs to apologize.

> make... upset: 〜に不愉快な思いをさせる、〜を怒らせる
> lose one's head: 気が動転する

Track 11

2

A: I should have been more careful with my words.

B: Don't say that. I know I hurt you. Forgetting our anniversary… I feel terrible about that.

> I should have…: 〜すべきだった
> Don't say that.: そう言わないで

キノコ：あら、もう仲直りしたのね？　よかった。

博士：短い会話だけど、関係修復に大切な表現がたくさんあるよ。要チェック。

キノコ：ほんとだ。make you upset、I'm sorry.、lose my head ……全部博士に覚えてほしい表現ばかりだわ。

博士：よけいなお世話。君こそ覚えなさい。It's me that needs to apologize. っていいね。I need to apologize. や I'm sorry. では伝わらない感情がある。

キノコ：「僕のほうこそ」っていう感じかしら。シャドーイングしているとそういう感じがしたわ。

博士：そうそう、そういうところがシャドーイングのいいところだよ。会話がいつの間にか自分のモノになっている。雰囲気を自分のモノにする。

キノコ：should have... ってよくわかんないわ。

博士：「こうすべきだったのに、ごめんね」って感じかな。よく使うから言って慣れよう。I should have tried harder.（もっとがんばればよかった）とか。

キノコ：博士は You should have been nicer to students.（生徒にもっとやさしくすべきだった）よね。

博士：ありがたいお言葉……。I feel terrible!

１ A: 不愉快な思いをさせてしまったわ。ごめんなさい。ちょっと気が動転していたの。

B: いいんだ。君は悪くない。謝らなければならないのは僕のほうだ。

２ A: もっと言葉には注意すべきだったわ。

B: そんなこと言わないで。君を傷つけてしまったってわかってるから。記念日を忘れてしまうなんて。本当にひどかったと思う。

No.6 せっかくだけど無理

クリスが会社で仕事をしていると、

Track 12

1

A: Chris, could you do this work by
tomorrow?

B: Are you saying this is my work?

A: Yes, we're in a hurry. Customers are
rushing us.

in a hurry: 急いでいる
rush: せかす

Track 13

2

B: Thanks, but I've had enough. My
hands are full. Could you ask some-
body drinking coffee out there?

A: Oh, oh. I seem to be asking the wrong
person…. I'm sorry.

I've had enough.: もうたくさんだ

□ ①リスニング　　□ ④シンクロ・リーディング
□ ②マンブリング　　□ ⑤プロソディ・シャドーイング
□ ③確認　　　　　□ ⑥コンテンツ・シャドーイング

キノコ：博士、クリスが "Are you saying…?" って言ってるのは、今相手が言ったことの確認をしてるわけ？

博士：そうだね。耳を疑うような言葉の真意を確かめたいんだろうね。この場合は、もうすでにクリスはかなり疲れてるみたいだね。

キノコ：わかる。それ聞いてて伝わってくるもん。それに対して非情な上司の要求。博士みたいだわ。

博士：つっかかるね。クリスが反撃するよ。

キノコ：クリス、えらいわね。断ってるんだ。

博士：シャドーイングしながら気をつけたらいいけど、このクリスの断り方は勉強になる。

キノコ：？

博士：Thanks, で一応丁寧に反応。but I've had enough. で拒否。My hands are full. で拒否の理由。Could you ask…? で相手が次にとるべきアクションの提示。コンパクトにスパッと言っている。

キノコ：しかも皮肉たっぷりにね。あー、あたしもこんな風に言いたいなあ。

博士：できるできる。シャドーイングやってると、ふとしたときに練習してた表現がスッと出てくるよ。

キノコ：ホント？

博士：ハカセ、ウソツカナイ。

1 A: クリス、明日までにこの仕事をやってくれない？
　　B: これは僕の仕事だとおっしゃっているんですか？
　　A: そう、急ぎなの。お客さんからせかされているのよ。

2 B: せっかくだけど無理。手一杯で。あのあたりでコーヒー飲んでる人に頼んでください。
　　A: ああ、そう。間違ったひとに頼んでいたみたいね。ごめんなさい。

No.7 トマトに愛を！

小学校の理科の授業をのぞいてみると、

Track 14

1

A: What kind of plants have we been growing in our class garden?

B: Tomatoes!

A: Right. We have been growing tomato plants.

Track 15

2

A: Plants are like you. They need food and water. Plants also need sunlight and air, and lots of love.

B: Plants need our love? I don't like tomatoes, though.

Check!

- □ ①リスニング　　□ ④シンクロ・リーディング
- □ ②マンブリング　□ ⑤プロソディ・シャドーイング
- □ ③確認　　　　　□ ⑥コンテンツ・シャドーイング

キノコ：博士、聞いても意味がさっぱりわからないんだけど、それでもまずはがんばって聞いたほうがいいのかしら。

博士：そんなことはない。音を捉えて口に出すことが目的だから、意味で苦しむ必要はないよ。シャドーイング練習では、意味がわからなかったら、まず日本語を先に読んでそれから英語を聞いてもまったく差しつかえない。

キノコ：「どんな植物」って"What kind of plants"って言うんだ。それに「育てる」ってgrowでいいのね。耳で捉えて口に出すと、何か英語に違った新鮮さがあるわ。

博士：そういうふうに、聞きながら言葉の使い方を自分のものにしていけばいいんだ。捉えて自分のモノにする。これもシャドーイングの醍醐味のひとつだよ。

キノコ：ここはとてもわかりやすい。need... の繰り返しね。それでリズムがとれて言いやすいわ。

博士：そうだね。そうやって英語にはリズムが生まれるんだ。繰り返しが日本語と違った英語のリズムを作る仕組みのひとつだなんて、いいことに気がついた。エライね。

キノコ：ほめられるとうれしい。

博士：それに、need... は簡単な表現だけどとても便利だ。キノコもI need your love. なんて乱発しないようにね。

キノコ：博士じゃありません。

1　A: クラスの庭でどんな植物が育ってる？

　　B: トマト！

　　A: そうね。私たちはトマトを育ててきたのよね。

2　A: 植物は君たちと似ているわね。食べ物と水が必要よ。それから太陽の光と空気と愛情がいっぱい必要なのよ。

　　B: 植物に愛が必要だって？　僕はトマト、キライなんだけど。

No.8 分数がワカリマセーン！

次は算数の授業。あれれ、何がわからないのかな？

Track 16

1

A: Mr. Johnson, I don't understand fractions.

B: OK. Let's talk about fractions then. What about fractions do you want to know, Mary?

fraction: 分数

Track 17

2

A: What's a quarter?

B: A quarter. Yes. When we cut an apple into four, what do we have? We have quarters. We call each piece a quarter.

キノコ：ふうん、分数って"fraction"って言うんだ。それに、「わからない」ってとても直接的な表現なのね。
博士：そうだよ。I don't understand... ってスパッと。

キノコ：アタシそんなふうに先生に言ったことないわ。
博士：そこなんだね。日本人留学生は、わからないときにわからないと言わないってよく言われる。I don't understand. には恥ずかしいっていうニュアンスはない。わからないことを恥じるより、アタシにはわかる権利があるっていう意識に近い。そう思ってシャドーイングしてごらん。英語が変わるよ。

キノコ：a quarter が４分の１。半分は？
博士：a half。キノコ、上の説明の仕方を使ってhalf を説明してごらん。
キノコ：When we cut an apple into two, what do we have? We have halves. We call each piece a half.
博士：そうそう。half の複数形は halves っていうところだけ気をつけると後は同じだ。キノコ、できるじゃない。
キノコ：シャドーイングしながら分数の説明ができるようになるとは思わなかった。
博士：シャドーイングにはオマケがたくさん♪〜♪。

1 A: ジョンソン先生、分数がワカリマセーン。
　　B: いいよ。じゃあ分数について話をしよう。メアリー、分数のどんなことについて知りたいの？

2 A: ４分の１って何ですか？
　　B: ４分の１か。そうだね。リンゴを４つに切ったら、どうなる？　４切れのリンゴができるね。そのひと切れひと切れを、４分の１と言うんだ。

No.9 あなたにとって音楽とは？

インタビューに誇りをもって答えています。

Track 18

1

A: What's music to you?

B: To me, music is music. It's not "classical music", it's not "pop music", it's not "jazz music". It is just music.

Track 19

2

A: Could you talk about how you prepare for the concert?

B: I love what I do. I take great pride in what I do. I can't do things halfway. If I'm going to do something, I go all the way, 100%.

> **take pride in...:** 〜に誇りをもつ
> **halfway:** 中途半端に
> **go all the way:** 徹底的にやる

キノコ： このインタビューは、リズムがあってついていきやすいわ。

博士： すべての文がmusicで終わってて、詩のように韻を踏んでるね。だから繰り返して使うと、発言に自然なリズムが生まれるんだ。

キノコ： なるほど、基本はIt's music. なのね。

博士： 簡単な発言だけど、繰り返しシャドーイングしながら同じイントネーションをつけて言えるようになるとすばらしい。

キノコ： がんばろう。博士、halfwayって？

博士： 中途半端にってところかな。それに対してgo all the wayはとことんやりますって感じだ。

キノコ： ここもリズムがあるわ。I do が繰り返されてるのかしら。

博士： お、なるほどそうだね。いくつか核になる表現があって、それを中心に発言しながらリズムを作ってるんだ。シャドーイングしながらそのあたりまで楽しめるとすごいよ。

キノコ： あたし、自分で感心しちゃった。リズムはリスニングのひとつの鍵なのね。

1 A: あなたにとって音楽とは何ですか？

B: 私にとって音楽とは音楽です。クラシックでも、ポップでも、ジャズでもなく、音楽はただ音楽です。

2 A: コンサートの準備をどのようにされているか、お話いただけますか？

B: 自分の仕事が大好きなんです。すごく誇りを持っているんです。私は物事を中途半端にやることができないのです。もし何かをするのであれば、全力で徹底的にやります。

NO.1 (Track 20)

A: Hi. I'm Kim. What's your name?
B: I'm Chris.
A: Where are you from, Chris?
B: I'm from Dallas. How about you, Kim?
A: I'm from Pittsburgh.

NO.2 (Track 21)

A: Chris, what do you think of Japan, and your life here ?
B: I like Japan a lot. People are friendly and kind. The streets are safe. Safer than my country, at least.
A: Anything you don't like about Japan?
B: Everything is expensive. The Shinkansen, especially. It's fast and safe, no doubt, but horribly expensive.

NO.3 (Track 22)

A: Wow, Chris, look at that house.
B: Which one? I just can't look away.
A: There, the one on top of the hill. It has white and blue roof tiles. That's cute. Could you get one like that for me?
B: Of course, honey, if you could wait about 20 years. Or would you like to marry a rich guy?

キノコ： 今度はひとつひとつ練習してたのを連続で聞くのね。練習の要領は一緒？

博士： そうだ。聞こえてきた音を正確に出していこう。

キノコ： クリスの出身地、ダラスなのね。カタカナ読みに近いけど、I'm from ダラス、じゃだめ？

博士： イイ、ダメの問題じゃなくて、どれだけキノコが聞いた音のイメージに近く再生してるかだよ。発音記号で表すと/dǽləs/だね。第一音節に強いアクセントがある。/æ/はエとアの間の音で、ふたつを同時に言ったら出る音だ。よく聞いて、聞こえたとおりに出してごらん。大切なのは文字を見てそのスペリングに惑わされないこと。

キノコ： 会話がつながって長くなると前より聞きやすい感じがするけど、どうしてかしら。不思議。

博士： 会話が長くなると聞く量が増えて大変そうだけど実はそうじゃない。文脈情報っていう状況や場所、前後関係がはっきりしてくるから、逆にわかりやすくなるんだ。

キノコ： この場合クリスに質問してる人は誰なのかしら。

博士： インタビューしてるような雰囲気があるね。

キノコ： What do you think of Japan? なんて普通の会話じゃ聞かないもの。ちょっとヘンだなって。

博士： そういう感覚は大切だ。文脈の把握がうまいね。

キノコ： the one on top of the hill っていうのは言いにくいけど、That's cute. は言えるわ。それに、これって使えそう。That's cute. はあたしの言葉にしちゃお。

博士： そうやってね、シャドーイングしながら気に入った表現をその言い方で自分のものにするってのは、とてもよい会話力アップにつながるよ。僕は If you could... っていう表現は使いたいね。相手にあまり期待できないと知ってて言うことってあるでしょ。If you can... だとストレートすぎて、とても使えないんだ。*If you could do this for me, I'd be very happy.* とか、いい感じでしょ。

55

NO.4 (Track 23)

A: I'll be home late tonight, honey. I have a business dinner.

B: A… a business dinner?! Tonight?! You must be joking!

A: But… you have business dinners, too. What's the big deal?

B: What's the big deal?! Joe… do you know what day it is today? It's July first! Our anniversary! And you forgot! I don't believe it!

NO.5 (Track 24)

A: Did I make you upset? I'm sorry. I just lost my head.

B: No, honey, you were not wrong. It's me that needs to apologize.

A: I should have been more careful with my words.

B: Don't say that. I know I hurt you. Forgetting our anniversary… I feel terrible about that.

NO.6 (Track 25)

A: Chris, could you do this work by tomorrow?

B: Are you saying this is my work?

A: Yes, we're in a hurry. Customers are rushing us.

B: Thanks, but I've had enough. My hands are full. Could you ask somebody drinking coffee out there?

A: Oh, oh. I seem to be asking the wrong person…. I'm sorry.

博士：どこの言葉で奥さんがキレちゃったのか、それはなぜなのか、つかめると理解が違ってくるね。仕事上の夕食で遅くなるって言ったのが発端だから。

キノコ：それも奥さんのほうのイントネーションの変化をシャドーイングしてるとよくわかるわ。だんだん私にも怒りがこみ上げてくるんだもん。

博士：そりゃ迫真のシャドーイングだ。エライ！　単に言葉の繰り返しだけじゃなくてイントネーションも併せてシャドーイングするのが大切だから。

キノコ：イントネーションのシャドーイング。ふうん。

キノコ：通して聞くと前の会話とは全然雰囲気が違うね。

博士：ここは仲直りしていく感じをつかんでほしい。短い中に言葉の掛け合いがある。まず自分が謝る。そしたら相手も許してくれる。それから「あのとき……すべきだった」とくるわけだ。だから、謝罪の言葉の後には理由だとか、自分の気持ちについての説明がくることを知っておくとリスニングは楽になる。「謝ってから説明」、この順番でキマリ。

キノコ：なるほど、そう予測しておくだけで、リスニングって変わるでしょうね。ってことは、自分の気持ちを表現するレパートリーを増やすと、こういうとき、鬼に金棒ね。I know I hurt you. なんてちょっとステキ。

キノコ：こういう会話って日常で意外と多いのよね。でも、I'm angry. なんてストレートにはとても言えやしない。

博士：英語はイエス、ノーをはっきりさせる言語と言うけど、それは日本語に比べての話で、決していつもそうストレートじゃない。いつもはっきり言ってたらみんな血まみれになっちゃう。クリスは怒ってるんだけどもNo は使わない。

キノコ：No を言わずに拒否の意味を伝えてるんだ。

博士：そう。そういうところ、つまり小さな拒否のメッセージを言葉のニュアンスに込めている感じを、シャドーイングで表現してみてほしい。拒否のニュアンスを伝える体験だね。

NO.7 (Track 26)

A: What kind of plants have we been growing in our class garden?

B: Tomatoes!

A: Right. We have been growing tomato plants. Plants are like you. They need food and water. Plants also need sunlight and air, and lots of love.

B: Plants need our love? I don't like tomatoes, though.

NO.8 (Track 27)

A: Mr. Johnson, I don't understand fractions.

B: OK. Let's talk about fractions then. What about fractions do you want to know, Mary?

A: What's a quarter?

B: A quarter. Yes. When we cut an apple into four, what do we have? We have quarters. We call each piece a quarter.

NO.9 (Track 28)

A: What's music to you?

B: To me, music is music. It's not "classical music", it's not "pop music", it's not "jazz music". It is just music.

A: Could you talk about how you prepare for the concert?

B: I love what I do. I take great pride in what I do. I can't do things halfway. If I'm going to do something, I go all the way, 100%.

キノコ：最初はよくわからなかったけれど、連続で聞くと先生が学級菜園のことを話している様子が目に浮かぶわ。

博士：そうだね。シャドーイングするとき、そういうシーンが頭に浮かべられるのとそうでないのとでは、音の捉え方が違ってくる。通訳では「意味の風景」という言葉で説明する人もいるけど、一語一語日本語に直すのではなくて、全体的な意味のイメージを組み上げていく感じ。

キノコ：日常会話では相手が目の前にいるから、多少言葉がわからなくても全体ではわかっちゃう。そういう意味で、リスニングテストって意地悪よね。

キノコ：ここもイメージ化したわよ。リンゴを思い浮かべて、4つに切って。頭にイメージできると4分の1がわかりやすかった。でも、quarterって単語は何となく知ってたけど、こんな風に使われるんだ。初めて知ったわ。

博士：シャドーイングのいいところは、知ってるつもりでも使い方が本当はよくわかっていない単語や表現を、自分で使うことでより深く理解できるようになることなんだ。シャドーイングしながら実は何度もその表現を使っているんだね。

キノコ：それってリスニングしながらスピーキングの練習もしてるってことじゃない！

キノコ：連続して聞くとまた新しいことに気がつくわ。

博士：どんなこと？

キノコ：この人は、文が短いっていうか、割合一言の長さが短いから、リズムもつかみやすいし、シャドーイングはしやすかったわ。やさしいというよりもリズムがとらえやすいっていう感じ。

博士：そうだね。短い文の連続からリズムをつかむってなかなかできないことだね。それができたキノコはエライ。

キノコ：きゃっ、ほめられちゃった、ウレシイ。どんどん短い文やらせてー。

博士：それは違うデショ。(--;)

No.10 嵐の夜が明けて

The typhoon last night was horrible, wasn't it? I was just so scared and couldn't sleep at all. I'm glad it's over now.

キノコ：horrible って「ひどい」っていう意味ね。こんなふうに言うんだ。The earthquake was horrible. っいうふうにも言えるわね。（ブツブツ……）
博士：お、キノコ、表現を自分のモノにしつつあるね。エライ、エライ。I was just so scared. なんかもいいよ。
キノコ：うん、そう。ひとつずつやってんだから次から次へと言わないで。
博士：こりゃ失礼。

昨夜の台風はひどかったよ。怖くて眠れなかった。通り過ぎてよかったよ。

Check!

□ ①リスニング ⬜ ④シンクロ・リーディング
□ ②マンブリング ⬜ ⑤プロソディ・シャドーイング
□ ③確認 ⬜ ⑥コンテンツ・シャドーイング

No.11 すっかり忘れて

Track 30

To**day**! Was the meeting to**day**? Oh no!
I had **to**tally for**go**tten about it.
What should I **do**? I have no good ex**cu**se.

> **totally:** 完全に、まったく
> **I have no good excuse.:** 弁解の余地
> がない

キノコ： ちょっと、博士、心当たりがあるんじゃない、
この表現。
博士： ……
キノコ： ったく、忘れん坊なんだから。この表現にお世
話になる回数減らしなさいね。
博士： …I have no excuse.
キノコ： でも便利だわ、この表現。

きょう？ ミーティングはきょうだっ
た？ まずい！ まったく忘れてた。ど
うしよう。弁解の余地がないわ。

No.12 最近の天気ときたら

Track 31

Don't you think that the weather these days is crazy? No snow in the mountains, cherry blossoms in January. Who would want to buy a fur coat when we can go out in a T-shirt?

キノコ： Don't you think…? っていうふうに聞かれるといつも困っちゃう。Yes / No どっちか、わからないもん。

博士： Don't you think…? なんて言うときには、自分で何かを確信してて、ほとんどは相手に同意を求めてるんだ。

キノコ： じゃあ天気が crazy と思えば Yes, I do. でいいのね。Who would… は？

博士： これは反語的な表現で、「毛皮のコートなんて一体誰が買うってのさ」っていう感じ。

キノコ： Who would understand such things?

博士： ヤルネ。

最近の天気、おかしいとは思わないか？
山には雪がないし、1月に桜の花が咲くし。Tシャツで出かけられるときに、誰が毛皮のコートを買いたいって思うんだ。

No.13 誤解は早めに

Track 32

I think you need to **tal**k to her about it.
There's no **dou**bt that there is a **se**rious
misunders**ta**nding.

> **There's no doubt that...:** 〜について
> は疑いない
> **misunderstanding:** 誤解

キノコ： なんかとてもシリアスなシチュエーションね。
博士： うん。キノコ、You need to... と I think you
need to... では響きがどう違う。
キノコ： I think がついてるほうが丁寧な感じ。ないと
命令みたい。
博士： そう、とても緊急を要する事態なんだけど、丁寧
さがあるし、There's no doubt that... ってのも客観
性を保った表現だね。こんなふうに言われるとすぐアク
ション起こさなきゃって思ってしまう。練習で雰囲気を
感じ取ってね。

その件に関して彼女と話す必要があると
思うよ。重大な誤解があることは間違い
ない。

Column #01
TOEIC®テスト、TOEFL®テストの 直前スコアアップ法

キノコ：博士、今度キノコも初めてTOEIC受けるんだけどさ、問題集以外に何やったらいいかわからないんだ。

博士：そうだね、テスト直前にリスニング力が上がるなんて魔法はないよ。でも得点を上げる方法はいくつかあると思う。

1) 映画を見よう

TOEFLは学園モノ、TOEICは企業モノを。リスニング・モデル（→ *p.14*）の③「長期記憶」にはいろいろな知識が格納されていたね。この中には、語彙、文法、音韻等の言語知識とは別に、「水は零度で凍る」というような一般的な知識がある。もし完璧な英語話者、つまり完璧な言語知識の所有者でも、相撲の背景知識がまったくないと、Who are the current Sumo champions? という質問には答えられないだろう。

そういう意味でTOEFLのスコアアップには、問題の背景である北米の大学生の生活を背景知識として知っておく必要があるんだ。でもアメリカの大学生活ったって誰も教えてくれないよね。だから映画。

キノコ：なるほど〜。回りくどかったけど、それなりにわかったわ。

博士：中々素直だね。(-- ;)　っていうことでTOEICはビジネスシーンでのコミュニケーションのたくさんありそうな映画。面会のアポイントとってたり、会議の様子だとか。7、8本見るともうかなり違う。

2) 前の晩と当日の朝はしっかりと長文読解とシャドーイング

これは②「リハーサル」（→*p.14*）に働きかけて、今ある英語力を最大限に活用する方法です。英語のテストを思い出してみてください。60分で解答する英語の問題に取り組んだとき、最初の5分の英文読解スピードと最後の5分の読解スピードではどちらが速かったでしょうか。おそらく最後の5分でしょう。試験の最後に調子が上がるのではなく、試験の最初からそのスピードで解答できるコンディションを作っておいたらどうでしょう。そうです、野球のピッチャーのウォームアップと一緒です。処理に使う知識と装置を試験前に活性化させておきましょう。

リスニングもリーディングもテストの前日と当日の朝にしっかりアップしてください。リスニングは速いもの、リーディングはむずかしめがよいです。スコアが上がったら博士に報告してくださいね。

Stage 1

感情を表すイントネーションを自分のモノに

　No.1-30まで、30個の感情の起伏に富んだ会話をシャドーイングします。

　「歓喜」「怒り」「絶望」「同情」などさまざまな気持ちを表す表現とイントネーションを、自分の気持ちを乗せられるまで何度も練習して、自分のモノにしましょう。

Stage 1 の素材と到達目標について

「スピードとイントネーション」に フォーカスしたシャドーイング

　Stage 1のテーマは、ずばりスピードと、イントネーションにフォーカスしたシャドーイングです。ここでは、日常生活で遭遇するさまざまな感情表現を題材にした会話を取り上げています。取り上げた感情は、歓喜、怒り、苛立ち、感謝、驚き、落胆、感動、悲しみや緊張、自己嫌悪、愛情表現、恐れなどです。

　英語話者のさまざまな感情表現には、日本語話者には学習しにくいイントネーションがあります。そのイントネーションはまた感情の表現において特徴的に現れますから、これを使わない手はありません。イントネーションの宝庫である感情表現をシャドーイングという運動的なリスニング訓練法を用いて練習しようというわけです。Stage 1での感情表現をひと通りシャドーイングしたら、リスニングでのemotional expression（感情表現）への反応はかなり変わってくるはずですよ。スピーキングでも今までできなかった表現が出てくるようになるはずです。

　教材のスピードは分速90語～170語レベルとかなり幅広いレンジが用意されています。Stage 0でつかんだシャドーイングの技術をここでさまざまなスピードの教材に対応させて、しっかり基礎固めをしましょう。

Stage 1での目安は次のとおりです。

🏅 シャドーイングで80％以上の再生率
　会話表現のシャドーイングはもうばっちりですね。スピードが速めの教材も大丈夫でしょうか。多少速くなっても対応できるようでしたら十分合格です。

🥈 シャドーイングで60％以上の再生率
　単語や句がところどころ出てこないところがあるようですが、だいたい聞いたことはシャドーイングできるようです。イントネーションはとらえられていますか。イントネーションをつかまえられるようになると、聞き取りも楽になるでしょう。

🥉 シャドーイングで60％未満の再生率
　少しスピードが速くなるとシャドーイングがむずかしくなるようですね。困ったときにはシンクロ・リーディング（→*p*.20）。音声を聞きながら声に出して読む練習をしましょう。発音は気にせず遅れないように読む練習を重ねましょう。それでもう一度シャドーイングをしてみてください。感じは変わってくるはずです。

No.1 きょうは何の日？ ［怒り］

Track 33

M: I'll be home **late** tonight, honey. I have a **bu**siness dinner.

W: A... a **bu**siness dinner? To**night**? You must be **jo**king!

M: **Bu**t you have **bu**siness dinners **too**. What's the big **deal**?

W: What's the **big deal**? **Joe**, do you know what **day** it is to**day**? It's **July first**! Our **anniver**sary! And you **forgot**! I **don't** be**lieve** it!

M: Uh, **no**, Lisa, I **didn't**! I didn't forget, **really**!

W: Then **why** did you schedule a **bu**siness dinner? **Oh**, **first** you **forget**, and **then** you **lie** to me!

M: But **listen**, I'll **cancel** the dinner.

W: **Don't bother**! I'll go out with my **friends** to**night**!

> **What's the big deal?:** それがどうした、何を騒いでいるの？
> **anniversary:** （結婚）記念日
> **Don't bother!:** 心配してもらわなくて結構、お気遣い無用

Check!

□ ①リスニング　　　　□ ④シンクロ・リーディング
□ ②マンブリング　　　□ ⑤プロソディ・シャドーイング
□ ③確認　　　　　　　□ ⑥コンテンツ・シャドーイング

キノコ：ここはステージ０でやったから何となく感じがわかるわ。感情表現のイントネーションに気をつけるんでしょ？

博士：そう、特に奥さんが面白いね。最初の当惑から What's the big deal? で一気に怒りの爆発。最後の Don't bother! がまた強烈。本当は、「わざわざそれには及びませんよ」っていう相手を気遣う丁寧な表現なんだけど、ここでは皮肉たっぷりに「お気遣い無用！」って感じ。

キノコ：女って怒らせると恐いのよ。アタシはね、旦那さんが言い訳するところね。

博士：ちょっとサディスティックだね。どんな表現がおもしろいの。具体的に言ってみて。

キノコ：例えば I didn't. を繰り返すところ。そして really! はもう半泣き状態じゃないかしら。

博士：やれやれ、キノコも相当なモンだね。この中にはおいしい表現がたくさんある。例えば schedule a dinner と cancel the dinner は対になっているからとても便利。何にでも使えそうでしょ。

キノコ：さて今週は何を schedule して何を cancel しようかなあ。

博士：！

M: 今夜は遅くなるよ。ビジネスディナーなんだ。

W: ビ、ビジネスディナー？　今夜？　もちろん冗談よね。

M: だけど、君だってビジネスディナーに行くことくらいあるだろ。それがどうしたんだよ。

W: それがどうしたですって？　ジョー、今日が何の日かわかる？　７月１日よ！　私たちの結婚記念日！　忘れてたのね！　信じられない！

M: あ〜、ちがうんだ、リサ、忘れてないって、ホントに！

W: じゃあ、なんでビジネスディナーなんか入れたのよ？　あら、最初は忘れて、次は私に嘘つくわけね！

M: でも、聞いて。ディナーはキャンセルするよ。

W: 心配ご無用！　今夜は友だちと出かけるわ！

No.2 僕たちはもう待ち切れない！[感動と興奮]

Track 34

M1: What's up with **you**? You look like the **cat** that got the **cream**!

M2: Well, in a way, I **have**. I just **heard** that I'm going to be a **father**!

M1: **Wow**! **Congratulations**! I bet you **can't wait** for all the sleepless **nights** and **dirty diapers**.

M2: **A**ctually I **can't**. **Ka**te and I have been trying for a **child** for so **long** now, so **this** is like a d**ream** come t**rue** for us.

M1: Is she as ex**cited** as **you**?

M2: **She**'s thr**illed** to **bits**! I just know she'll be a g**reat** mother.

M1: And **I**'m sure **you**'ll make a **wonderful father**.

M2: I certainly **hope** so. This is the **best** news I've had in a **long** time!

What's up with you? = What's the matter (wrong) with you?: どうしたんだ？

You look like the cat that got the cream.: クリームを失敬したネコみたいに嬉しそうな顔をしている。

in a way: ある意味

I have (got the cream).: ネコがクリームを失敬するくらいに良いことがあった。

like a dream come true: まるで夢のような

thrilled = excited, happy and pleased

to bits: ひどく

Check!

□ ①リスニング　　□ ④シンクロ・リーディング
□ ②マンブリング　□ ⑤プロソディ・シャドーイング
□ ③確認　　　　　□ ⑥コンテンツ・シャドーイング

キノコ：博士、The cat that got the cream. ってなあに。

博士：来たね。何かやり遂げてとてもうれしそうな表情をしている人に使う表現だよ。余程うれしくてニヤニヤしてたんだろうね。

キノコ：What's up? は How are you? とどう違うの？

博士：そうだね、もっとくだけた言い方で、「よう、どうしたんだい？」って感じかな。Congratulations! の後が面白いよ。I bet you can't wait for all the sleepless nights and dirty diapers. は「待ってるのは眠れない夜と汚いオムツの山だぜ」って皮肉たっぷりに言ってるのに、この未来のパパは、「そうなんだ、それが待ちきれないんだ」だって。I bet は I'm sure に近い意味の表現。

キノコ：きっととても赤ちゃんがほしかったんだよ。A dream come true って comes にならないの？

博士：これは言い方を聞いていると "a dream come true" でひとくくりの名詞句みたいに考えよう。それから、excited と thrilled が並ぶように使われてるね。同じような意味なんだ。bits は小さな部分の意味だから奥さんは「身体の隅々まで」喜んでるって、ちょっとオーバーな表現だ。

M1: どうしたの？　やけに機嫌よさそうじゃないの！

M2: まぁ、ある意味そんなとこかな。たった今父親になるっていう知らせがあったんだ。

M1: おぉ！　おめでとう！　眠れない夜や汚いオムツの山が待ち遠しいんじゃないの。

M2: それが待ちきれないんだ。ケイトと俺はずっと子どもがほしくて頑張ってきたから、夢みたいだよ。

M1: 彼女も君と同じくらい興奮してるの？

M2: もう大喜び。彼女は絶対にいいお母さんになるよ。

M1: きっと君もすてきなお父さんになると思うよ。

M2: そうだといいんだけど。こんないい知らせは久しぶりだよ。

No.3 自分でやったほうがマシ?! [怒り]

Track 35

M1: What kind of work do you call this?

M2: I'm sorry, what's the problem?

M1: I've just read the draft letter you wrote, and it's a disgrace.

M2: I don't see what's so bad about it.

M1: What are you talking about? It's riddled with spelling mistakes and typos. It's like you've never even heard of a spellchecker.

M2: I'm sorry. I was in a hurry because the deadline was so tight.

M1: Don't blame the deadlines for your shoddy work.

M2: Do you want me to rewrite it?

M1: Forget it. I'll do it myself.

> **disgrace:** 不名誉、恥
> **riddled with = full of**
> **in a hurry:** 急いでいて
> **blame A for B: B を A のせいにする**
> **shoddy = done carelessly:** いい加減
>   な、杜撰な

Check!

キノコ：またまた職場の上司。

博士：これからは、外国人が上司ってことも当たり前のような世の中になるんだから慣れといたほうがいいよ。

キノコ：ホント、それもそうだわ。この人、新入社員か何かかしら。とぼけたところがいいわね。I'm sorry, what's the problem? なんてアタシには言えないわ。

博士：ナニをおっしゃるキノコさん。

キノコ：博士、typos ってなあに？

博士：突然来たね。typo は typographical error の省略形だ。英文書類ではスペルミスってのは一般的に思われてるより、シビアに見られるって思っておいたほうがいい。

キノコ：ゲゲ、本当？

博士：それは、プロとしての資質に関わるものと見なされるからね。コンピュータプログラムの会社がスペルミスしたらエライことでしょ。それからここには、この上司の皮肉たっぷりな表現が目白押し。たとえば最初の What kind of work do you call this? ヒドイとか言わずに相手に何と思ってるんだとまず聞いてる。それから you've never even heard of a spellchecker. の hear of... は「……のことを聞く」って言う意味でよく使う便利な表現。

M1: こんなの仕事と呼べると思うのか？
M2: スミマセン、何か問題でも？
M1: 君が書いたレターのドラフトを読んだとこだが、これじゃ恥さらしだ。
M2: そんなにダメだとも思いませんが。
M1: 何を言ってるんだ？　スペルミスとタイプミスだらけじゃないか。スペルチェッカーってものがあることも知らないんだろ。

M2: スミマセン。急いでいたんです。締め切りがせまっていたもので。
M1: 自分のいい加減な仕事を締め切りのせいにするな。
M2: 書き直したほうがいいですか？
M1: もういい。自分でやる。

No.4 また再起動かよ！ ［いらだち］

Track 36

Oh, not a**gai**n! What's **wro**ng with this computer? I'm **ty**ping, but nothing is **ha**ppening. It's so f**rus**trating! Come **on**! I need to send this **e**-mail! It must be frozen. Why do these things **always** happen to **me**? The printer jams, the **fax** machine s**tops**, all machines hate me. **Hey**! Something is **ha**ppening! **No**, it isn't. **Darn**! I'll just have to re**start** it. I hope I don't lose any **data**.

> **frozen:** フリーズしている
> **jam:** （機械などが）物が詰まって動かなくなる
> **darn = damn:** 不快な感情を表す間投詞

キノコ：ここはどういう状況なの？　なんか焦ってる雰囲気は伝わってくるけど。

博士：コンピュータがフリーズしたときって焦るだろ、アレだよ。ここは、コンピュータ操作っていう文脈で使われる言葉が出てくる。キノコ、あげてごらん。

キノコ：type、send e-mailでしょ。frozenは固まった状態ね。jamsは紙詰まり。stopsで止まっちゃって、restartで再起動ね。lose dataもチェック。

博士：そう。それから、Nothing is happening. も何気ないけどコンピュータ操作では使いたい表現だね。

キノコ：この人が操作しながら口にするひとり言もおもしろいわね。かなり切羽詰まってて。こんなふうに言ってみたいわ。

博士：いいところに気がついた。英語でひとり言って、何となく言ってみたいことだね。ここではソレができる。Not again. なんて、聞いたとおりにシャドーイングしてみてほしい。こんな風に表現するんだってわかる。It's frustrating. も覚えてバンバン使っちゃおう。キノコ、シンクロ・リーディングで気に入った表現は？

キノコ：アタシはCome on! こんなに伸ばせるんだ。結構イントネーションって自由なのね。発見だわ。

うわ、また か。このパソコンどうしたんだ？　キーボードを打ってるのに何も出てこない。イライラするなあ。頼むよ、このメールを送らないといけないんだって！　フリーズしたんだ。なんでいつもこんなことばっかり起こるんだ？　プリンタが紙詰まり起こしたり、ファックスが止まったり。機械によっぽど嫌われてるんだな。お、動いてる。いや、違った。

くそ！　再起動しないとだめだ。データが消えてないといいけど。

No.5 誕生日、おめでとう！［感謝と喜び］

Track 37

W1: Happy **bir**thday, **A**ngie!

W2: Oh, **than**k you for re**me**mbering, Saori.

W1: Here, I **go**t you something.

W2: **Rea**lly? How **swee**t of you! Can I **o**pen it?

W1: Of **cour**se!

W2: **This** is such pretty **pa**per! Oh, my **gosh**! **This** is the **ne**cklace I wanted. How did you **know**?

W1: You **show**ed it to me when we went **shop**-ping last week, re**me**mber?

W2: **Oh yeah**, that's **right**! Oh, I just **love** it. **Thank** you **so mu**ch!

sweet = kind, nice
Oh, my gosh! = Oh, my god!

Check!

□ ①リスニング　　　□ ④シンクロ・リーディング
□ ②マンブリング　　□ ⑤プロソディ・シャドーイング
□ ③確認　　　　　　□ ⑥コンテンツ・シャドーイング

キノコ：私、プレゼントもらったときにどう言っていい
かわからないのよね。Thank you very much. だけじ
ゃ芸がないみたいだし。
博士：まるでしょっちゅうもらってるみたいだね。
キノコ：アラ、博士、妬いてんでしょ。

博士：なわけないでしょ。ハイお勉強。感謝の気持ちは
ね、シャドーイングしたらわかると思うけど、言葉だけ
じゃなくて驚きの表現が大切。Really? とか Wow! と
か女性は特に大げさな印象があるね。
キノコ：あら、ちょっと問題発言だわ。同意するけど。
博士：Thank you very much. でも心がこもってると違うし、す
ぐに Can I open it? って聞いてプレゼントを開ける。このときに
は見たときの感動の言葉を用意しとかなきゃ。僕は特に感動って
いうか喜びを相手に伝えるのが下手で以前は苦労したよ。特に食事
の褒め方を知らなくて。褒め方とお礼のレパートリーは広く持って
おきたいもんだね。絶対に役に立つ。
キノコ：何かワケがありそうね。
博士：またそのうちコラムで話すよ。

W1: 誕生日おめでとう、アンジー！
W2: あ、覚えていてくれてありがとう、
　　さおり。
W1: ほら、さおりにプレゼント買ってき
　　たんだよ。
W2: 本当に？　なんていい人なの！　開
　　けてもいい？
W1: もちろん！
W2: 超カワイイ紙！　わぁ、すごい！

これほしかったネックレスだ。ど
うしてわかったの？
W1: 先週一緒にショッピング行ったと
　　き、教えてくれたじゃない。覚え
　　てる？
W2: あぁ、そうだ！　う～ん、すごく
　　素敵。ホント、ありがとね！

No.6 アーア、大失敗！ ［落胆と慰め］

Track 38

W1: How's it **go**ing? Did you **ge**t your exam re**su**lts?

W2: Don't remind me. I **do**n't want to **think** about it.

W1: Why? You **di**dn't do so **we**ll?

W2: It was a di**sa**ster! I'll never get into my first-choice university **now**!

W1: Surely it can't be **all that ba**d. **Look** on the b**right** side.

W2: It **is** all that bad, and there **is** no bright side! I feel **mi**serable.

W1: Come **on**, **do**n't be so **down** in the **du**mps. Let's get a d**rink** to **cheer** you **up**!

W2: I don't want to cheer up. I want to **die**!

---

disaster: 大失敗
first-choice: 第一志望の
Look on the bright side.: 明るい面を見よ
miserable = unhappy: 惨めな
be down in the dumps = depressed: 落胆した
cheer... up: 〜を元気づける、慰める

Check!

□ ①リスニング 　　□ ④シンクロ・リーディング
□ ②マンブリング 　□ ⑤プロソディ・シャドーイング
□ ③確認 　　　　　□ ⑥コンテンツ・シャドーイング

キノコ：やや、この子は試験に失敗しちゃったのかしら。どんな慰めの言葉もまるっきり効かないみたいね。

博士：確かに、かなりヤケ気味になってるようだね。ああ言えばこう言う、の典型的なパターン。でもこのヤケ気味の英語をシャドーイングするのは楽しいぞ。

キノコ：アタシこの子の気持ちよくわかる。英語で淡々と絶望を語るときの雰囲気はこんな感じなのね。

博士：そうそう。特に後半で慰める人の言葉じりをとらえていじける言い方は、シャドーイングでモノにできそうだよ。

キノコ：たとえば？

博士：It is all that bad. って言うような言い方はとてもおもしろい。isにアクセントを置いて切り返しているでしょ。アクセントを置きかえることで意味がグッと強くなるんだ。

キノコ：そういえばそうね。bright sideも、切り返して使われてるし、cheer upも。

博士：そう、悪く言えばかなりヒネくれてるともとれるけど、この子の英語から学ぶことは多いよ、キノコ。

キノコ：アタシ向きだと言いたいんでしょ。

W1: 調子はどう？　試験の結果はわかったの？

W2: 思い出させないで。考えたくないんだから。

W1: どうして？　うまく行かなかったの？

W2: 大失敗！　もう第一志望大学には絶対入れないわ！

W1: きっと、そんなに悪くはないわよ。明るい面を見なさいよ。

W2: ホントにダメだったし、明るい面なんてないわよ！　惨めだわ。

W1: 元気出しなさいって、そんなに落ち込んでないで。慰めに一杯飲みましょ！

W2: 元気づけてもらいたくなんかないわ。もう死にたい！

No.7 「スイマセン」じゃスマナイゾ！[怒り]

Track 39

M1: Thompson! What have you been **do**ing? I **told** you **last Tues**day to have this work **fin**ished by to**mor**row. You're not even half way **done**!

M2: I'm **sorry**, but I, um…

M1: **Sorry**? **Sorry** just doesn't **cut** it. This **con**tract is worth **half** a million **dol**lars, and we **could los**e it. Do you have any idea what that would **mean**? What were you **do**ing over the **week**end?

M2: The **week**end? Nothing **much**. I…

M1: **Noth**ing **much**? **So why** didn't you **come** in and **work**? Did that **idea** even enter your **head**? If you'd **sacrificed** one **Sat**urday, you **could** have finished on **time. That**'s it! I'm **tak**ing you off this pr**oj**ect.

---

halfway done: 半分終わっている
not cut it = not good enough to deal with something: 目的にかなわない、すまされない

contract: 契約
be worth…: ～の価値がある
sacrifice: 犠牲にする、ささげる

☐ ①リスニング　　☐ ④シンクロ・リーディング
☐ ②マンブリング　☐ ⑤プロソディ・シャドーイング
☐ ③確認　　　　　☐ ⑥コンテンツ・シャドーイング

キノコ：うわ、ここはまた厳しい職場ね。こんな上司は願い下げだわ。おまけにThompson! って呼び捨て？
博士：そうだよ。よほど頭にキテるんだろう。
キノコ：2行目のto have this work finishedはto finish this workって言い換えたらダメなの？

博士：いい質問。言い換えていいよ。伝わるニュアンスは若干違う。finish this workは仕事を「終える」ってことに力点があるけど、have this work finishedはこの仕事が「完了した」状態に力点がある。とにかくこの仕事をやりきってほしいっていう願いに似た意味。かなり大事な仕事なんだね。ま、50万ドルの仕事だったら無理ないけど。言い換えとしてはね、to get this work doneのほうが近いね。ちょっとゆるやかな口語的表現だけど。
キノコ：ふーん。ちょっとむずかしいけど、よく聞くわ、その表現。Get it done!（やってしまいなさい）って感じね。最後のIf you'd sacrificed... はなあに？
博士：If you had sacrificedの短い形。仮定法過去完了って言って「あの時〜してたら……だったのに」って前のことを蒸し返すことが好きな人の表現さ。
キノコ：フーン、博士、昨日あたしのチョコレート食べなかった？

M1: トンプソン！　何をやっていたんだ？　明日までにこの仕事を仕上げろって先週の火曜日に言ったのに、半分も終わってないじゃないか！
M2: スイマセン、でも……
M1: 「スイマセン」だって？　スイマセンじゃすまされないんだよ。50万ドルの契約なのに、破棄になるかもしれないんだぞ。どういうことかわかってるのか？　週末は何やっていたんだ？
M2: 週末ですか？　特に何も……
M1: 「特に何も」だって？　じゃあ、なんで週末にオフィスに来て、仕事をしなかったんだ？　そんなことは思いもつかなかったのか？　一回だけ土曜出勤すれば、時間通りに終わらせられたじゃないか。もういい！　君はこのプロジェクトから降ろす。

No.8 すごくいい映画見たんだ！［感動］

Track 40

W1: I saw a **great** movie this weekend: *Oceans of Time*.

W2: Is **that** the one with **Kevin Armstrong**?

W1: **Yeah**, and **Rachel Forsythe**. They're two of my **favorite** actors.

W2: **Mine too**! It's a **love** story, isn't it?

W1: **Yeah**, it's **really** romantic. But it isn't **just** a love story: it's about **life** and **death** and history and... **well**, it's just so **funny** and **happy** and **sad** and **heart**breaking. I **cried** the **whole** last hour of the **movie**!

W2: **Wow**! It sounds **really** moving!

W1: It **is**. You **have** to go see it!

heartbreaking: 胸が張り裂けるような思いをさせる

博士：キノコは映画好き？

キノコ：もちろんよ。そもそも映画きらいな人っているかしら。

博士：さあね。ここは見た映画についてどうだったかって話してる場面だね。だから映画について説明する表現が多い。例えば It's about… これはいろんな場面で使えるお買い得表現。The one with… は、誰々が出てる映画っていう意味で、(the) one は movie の代わりに使っている代名詞だね。

キノコ：どんな映画だったかを表現する言葉も多いわね。

博士：例えば？

キノコ：great に romantic でしょ。それから funny、 happy、sad、heartbreaking。

博士：心を揺さぶられて感動的っていう意味で moving ってのもある。

キノコ：意外に簡単な単語が使われているんだ。最後の go see って何か変な感じだけど。

博士：もともとは go and see なんだけど、もう一語のように使われているね。and が脱落したと考えたらいい。

W1: 週末にすごくいい映画見たんだ。『オーシャンズ・オブ・タイム』。

W2: それってケビン・アームストロングが出てるやつ？

W1: そう、あとレイチェル・フォーサイズも。私のお気に入りの俳優ふたり。

W2: 私も好きよ。ラブストーリーよね？

W1: そう、とってもロマンチックなの。でも、ただのラブストーリーじゃなくて、人生や死、歴史についての話でもあるの。とにかく、すごくおかしくて、ハッピーで、悲しくて、胸が張り裂けそうになる話なの。私最後の一時間はずっと泣いていたわ。

W2: へぇ〜、ホントに感動しそうね。

W1: そうなの。見に行ったほうがいいわよ。

No.9 電車、行っちゃった～ [あせりと落胆]

Track 41

Oh, **no**! There goes the **tra**in! If my **pass** hadn't gotten **stuck** in that **stu**pid ma**chi**ne, I'd have **ma**de it! **Now** I'm gonna be **fi**fteen minutes late to Akasaka-**mi**tsuke and **twe**nty minutes late to **work**! If I'd made that **tra**in, I'd only have been **fi**ve minutes late. The **boss** is gonna be **rea**lly **mad**! I'd better call the **o**ffice and give an ex**cu**se. Uh-oh, where's my **ce**ll phone? Oh, **no**! I couldn't have for**go**tten it, but I **did**! Oh, give me a b**reak**! If I get there twenty minutes **late** without calling a**head**, I'll **rea**lly be in t**rou**ble, but I **can**'t go searching for a **pay**phone **now**! I'll **mi**ss the next t**rain**! Oh, what am I gonna **do**?

pass: 定期券
stupid: いまいましい
gonna = going to
give an excuse: 弁解をする
Give me a break.: 勘弁してよ
ahead: 先に、前もって
be in trouble: 困ったことになって
payphone: 公衆電話

博士：キノコは電車に間に合わなかったことはある？

キノコ：しょっちゅう。

博士：間に合わなかったときに思うことは？

キノコ：もう30秒早く駅に着いてたらって、くやしい。

博士：そう、ソレソレ！　「……してたら」って、必ず思うよね。それを勉強しよう。「(If)……してたら(had + ~ed)」の後には「しただろう(would have + ~ed)」が来るね。If my pass hadn't gotten stuck in that stupid machine, I'd have made it! では、パスがstuck しなかったら、間に合った(would have made it)だろうって。

キノコ：If I'd made that train, I'd only have been five minutes late.では？

博士：まず、I'dはI hadだよね。「(If) 電車に間に合って(had made it)たら、5分の遅れですんだだろう(would only have been five minutes late)」。どう？

キノコ：文法キライ。仮定法なんてどっかへ飛んでけー！

博士：あらあら、でも大丈夫だよ。だいたい理解したら、後は何度も聞いて言うだけ。悔しい気持ちを表現しながらやってると自分の感覚で言えるようになるよ。スピードが速いからシンクロ・リーディングが大切。口の動きup!

あぁ、どうしよう、電車行っちゃったよ！　定期があのいまいましい機械に詰まらなければ、間に合ったのに！　これで、赤坂見附に15分、会社に20分遅れちゃうよ。あの電車に乗れていれば、5分遅れですんだのに。上司にすごく怒られるだろうな。会社に電話して、弁解しとかなきゃ。やばい、携帯どこだ？　えー、ウソだろ！　忘れたなんてありえないのに、忘れちゃったよ！　もう、カンベンしてくれよ！　先に電話しないで20分遅れたら、ホントに大変なことになるよ。でも、公衆電話探し回っている場合じゃないし。そんなことしてたら、次の電車も逃しちゃうよ。あぁ、どうすればいいんだ？

No.10 落っこちちゃったあ ［落胆と絶望］

Track 42

What? My **nu**mber isn't **there**? Oh, **no**! That means I **fai**led the entrance **exam**! I can't be**lie**ve it! It must be a mis**take**. **How** can I have **fai**led? I studied **so hard** for **such** a **long** time, and I was **sure** I'd **passed**! Oh, my **gosh**, this is **terrible**! **How** am I going to tell mom and dad? They'll be **so** disap**pointed**, espe-cially **dad**. He **really** wanted me to **go** to this school, and so did **I**. I had my **heart set** on it. I never even **though**t about applying to another **school**. Now I'll have to wait **another year**. **Oh**, this is the **worst** day of my **life**!

> **How can I have failed?:** どうしたら落ちたなんてことがあり得るか？ ＝落ちたわけがない。（反語）
> **terrible:** ひどい
> **disappointed:** 落胆する、がっかりする

Check!

☐ ①リスニング　　☐ ④シンクロ・リーディング
☐ ②マンブリング　　☐ ⑤プロソディ・シャドーイング
☐ ③確認　　　　　☐ ⑥コンテンツ・シャドーイング

キノコ：何か、サイアクの状況。

博士：そう、自分ではあり得ないと思ってたことが起こった感じだね。そんなはずがないっていう気持ちが自分を支配するってことある。そういうときの心の中のつぶやきだと思ってもいい。

キノコ：あたしもそういうときってあるわ。信じられないってとき。そういうの英語で言うとこんな感じなのね。

博士：そう。合格者リストに名前がないという事実の陳述。その解釈。改めて事実の否定。そしてまた否定。事実を次第に受け入れつつ、新たに生じる不安の陳述。彼女のモノローグの中で不合格という事実が事実として認識されていく過程がわかって興味深い。

キノコ：博士、How can I have failed? のcanはI can't believe it. のcanとは違うの？

博士：違う。How can I have failed? のcanは「どうして自分が落ちるなんてことがあるのか信じられない」っていう心境。「ありえない」ってニュアンスだね。I can't believe it. のcanは単純な可能、つまり「信じられない」っていう意味で。

キノコ：だからthe worst day of my lifeなのね。

何ですって？　私の番号ないの？　えぇ、そんな！　ってことは、入試に落ちたってこと！　信じらんない！　きっと何かの間違いよ。落ちたわけないじゃない。あんなに長い間、あんなに一生懸命勉強して、絶対受かったって思ったのに！あ～あ、ヒドイよ！　どうやってお母さんとお父さんに言えばいいの。すごくがっかりするだろうなぁ、特にお父さんは。

ホントにこの学校に行ってもらいたそうだったし、私だって同じよ。この学校に望みをかけていたから、他の学校に申し込むことなんてまったく考えてなかったの。これで、もう一年待たなきゃいけないのね。あぁ、今日は人生最悪の日だわ。

No.11 私は主役！［喜び］

Track 43

W: Guess **what**, **dad**! I got the **sta**rring role in the school p**lay**!

M: That's g**reat**, Marcie. Congratu**la**tions!

W: **Thanks**, I can **hard**ly bel**ie**ve it!

M: What's the p**lay**?

W: The Wizard of **Oz**. I'm going to be **Do**rothy.

M: **Wow**! So you're going to sing "Over the Rainbow"?

W: **Yeah**, just like Judy **Gar**land.

M: I'm sure you'll be g**reat**.

W: **Thanks**, **dad**. I'll do my **best**. This is like a d**ream**!

M: When do rehearsals s**tart**?

W: Tomorrow. I'm **so** ex**ci**ted!

> **hardly:** まったく～ない（ふつうは「ほとんど～ない」）

Check!

□ ①リスニング　　　□ ④シンクロ・リーディング
□ ②マンブリング　　□ ⑤プロソディ・シャドーイング
□ ③確認　　　　　　□ ⑥コンテンツ・シャドーイング

キノコ：博士、Judy Garlandって聞いたことある？
博士：もちろん。ミュージカル映画『オズの魔法使い』のドロシー役としてあまりにも有名。映画は知らなくても*Over the Rainbow*（虹の彼方に）って歌は知ってる人は多いと思うよ。

キノコ：フーン、おじさま世代の話ね。
博士：おっと、それはどうかな？　just like Judy Garlandってこの子が言うからには、『オズの魔法使い』と言えばジュディ・ガーランドっていうくらいアメリカでは有名だってことさ。また、そうした背景知識がないと、英語がわかっても内容がさっぱりってことになる。
キノコ：そんなこと言ったって知らないものは知らないモン。若いんだから仕方ないじゃない。ところでGuess what? ってどんなときに使うの？
博士：意味的には「ちょっと聞いて聞いて！」に近いかな。何かいいことが起こってそれを人に伝えたいときに使われるね。Kinoko, guess what I have now. Here.The DVD of *The Wizard of Oz*. Would you like to see this?
キノコ：Of course!

W: ねぇ、パパ。学校の劇で主役になったのよ！
M: すごいな、マーシー。おめでとう！
W: ありがとう。信じられないわ。
M: 何の劇なの？
W: 『オズの魔法使い』。私はドロシー役よ。
M: おぉー、じゃあ、「虹の彼方に」を歌うのかい？
W: そう、ジュディ・ガーランドみたいに。
M: きっとうまくいくよ。
W: ありがとう、パパ。頑張るわ。夢みたい。
M: リハーサルはいつからなんだ？
W: 明日から。すごくワクワクしてるの。

No.12 さようなら、アーチー [悲しみと慰め]

Track 44

W1: What's the **ma**tter, Susan? You've been looking **dow**n lately.

W2: We**ll**, it's **k**ind of a **di**ffi**c**ult **t**ime right now.

W1: Oh, no. Did **so**mething happen?

W2: **Yeah**, our little **do**g, Archie, **die**d a few days ago.

W1: Oh, I'm so **so**rry to hear that. Was it **sud**den?

W2: Well, **no**t e**xa**ctly. I mean, he **wa**s fourteen, and he had health problems. We knew this might happen sometime soon, but I just wasn't prepared for it, you know?

W1: I under**st**and. I've been through it my**self**. Let me know if there's anything I can **do**, O**K**?

W2: Thanks, Tracy. I ap**pr**eciate it.

---

look down = look sad
not exactly: 厳密にはそうではない
be prepared: 準備ができている
be through…: 〜を経て、終えて
appreciate: ありがたく思う

□ ①リスニング　　　□ ④シンクロ・リーディング
□ ②マンブリング　　　□ ⑤プロソディ・シャドーイング
□ ③確認　　　　　　□ ⑥コンテンツ・シャドーイング

博士：今度は悲しみに暮れる人をなぐさめる場面。
キノコ：ペットが亡くなって、気落ちするってあまり実感がないんだけど、結構ヘビーなようね。
博士：そうだね。まず、落ち込んだり、悲しんだりしたときに使う表現をチェックしてみよう。

キノコ：It's a difficult time. なんていい表現。ペットを失った人のとてもしんどい様子がわかるわ。I'm sorry で同情するのね。I just wasn't prepared. なんてのもお気に入りの表現よ。自分に気持ちの上でそういう準備ができてなかったって、よくあることだもの。使いたいわ。
博士：そう、もうひとつキノコに覚えてほしい表現がある。I've been through it myself. "be through"って何か苦しい経験をしたことがある時に使う。through って通り抜けるっていうイメージの前置詞だから苦しい時間を抜けたんだろうね。
キノコ：なるほど。
博士：最後の Let me know if there's anything I can do. は、悩んでいる人の力になろうとする、とても勇気づけられる表現だね。さあ、シンクロ・リーディングで練習。

W1: どうしたの、スーザン？　最近浮かない顔してるけど。
W2: うん、今はちょっと辛い時期なの。
W1: ええ、やだ。何かあったの？
W2: うん、愛犬のアーチーがね、数日前に死んじゃったの。
W1: えっ、それはお気の毒に。突然だったの？
W2: まぁ、そういうわけでもないの。だって、14歳だっだし、健康にも問題があったから。そのうちすぐにこうなるかもしれないことはわかってたんだけど、心の準備ができてなくて。
W1: わかるわ。私も同じ経験したことあるから。何かできることがあったら、教えてね。
W2: ありがとう、トレイシー。本当にありがとう。

No.13 出番直前に［緊張］

Track 45

I'm so **nervous**! I've never played the piano in front of **so** many **peo**ple! I can almost hear my **heart pou**nding. What if I make a mis**ta**ke as soon as I **start**? **E**veryone will **lau**gh! Or at the very **end**? That would be **even wor**se! Maybe I'll go blank and for**get e**verything. Oh, my **han**ds are sweating! OK, **cal**m down, take a **deep brea**th, say a little pr**ay**er and you will be **fine**.

> **pound:** (心臓) がドキドキする
> **the very end:** まさに最後、最後の最後
> **go blank:** 頭の中が真っ白になる

Check!

□ ①リスニング　　□ ④シンクロ・リーディング
□ ②マンブリング　　□ ⑤プロソディ・シャドーイング
□ ③確認　　　　　　□ ⑥コンテンツ・シャドーイング

キノコ：ここは緊張が伝わってくるわ。あたし、こういうの苦手。
博士：だからそういうときのために、覚えておかなきゃいけないでしょ。使いたい表現をあげてごらん。

キノコ：I'm nervous. でしょ。これは面接試験にも使えそうだわ。in front of so many people もいいな。「こんなにも大勢の前で」って感じ。What if って？
博士：What if ってのは、起こる確率は低いんだけど、「もしミスしたら」って不安を口にしてるんだね。
キノコ：That would be even worse! の would be ってどうして過去形なの？　まだ何も起こった訳じゃないのに。
博士：これも想像の世界だね。起こってほしくないようなことを想像してるから、仮定法過去というルールにのっとって、「起こったとしたらもっと最悪」って意味で使っている。
キノコ：go blank なんておもしろいわ。私もそう。頭の中が真っ白になっちゃう。それに My hands are sweating. これだけ覚えたら何とか大丈夫かな。あー、なんかドキドキしてきた。
博士：Kinoko, calm down, take a breath and say a prayer.... You'll be alright. Don't be nervous.

すごく緊張する！　こんなに大勢の人の前でピアノひいたことなんてないから。心臓の鼓動が聞こえそうなくらい。始まってすぐに間違えたらどうしよう。みんな笑うだろうな。それか、最後の最後で間違えたら？　そっちのほうがもっと最悪。たぶん頭の中が真っ白になって、全部忘れちゃうわ。あぁ、手汗かいてきた！　よし、落ちついて、深呼吸して、お祈りすれば、きっと大丈夫。

No.14 愛してるのは顔じゃない [愛情]

Track 46

M: Helen, I have to tell you something.

W: What? Is there something on my **face**?

M: No, no! Your face is **beau**tiful.

W: Oh, gee, **than**k you.

M: I mean, you have a**ma**zing **eye**s, and— and a **beau**tiful nose, and…

W: Bob, **stop** it, you're em**bar**rassing me!

M: Oh, but it isn't just the way you **look**. I mean, you're in**tel**ligent, and **kind**, and **fun**ny…

W: Well, so are **you**!

M: Wow, thanks! But I mean, what I'm trying to say is I **love** you, Helen.

W: I— I **love** you too, Bob.

> **gee:** 驚きの間投詞
> **embarrass…:** 〜に恥ずかしい思いをさせる
> **intelligent = smart**

キノコ：ちょっと聞いてると照れちゃうわね。
博士：キノコが言われてるんじゃないでしょ。
キノコ：あーら、お言葉。ここの言葉は勇気がいるわよ。悔しかったら言ったんさい。博士の練習課題としては最適じゃないかしら。

 博士：確かに、こんな風に直接的に言うなんて冷汗百斗。ウー。ブツブツ、ブツブツ。
キノコ：声が小さいわね。こういうときにはシンクロ・リーディングだったかしら。
博士：ソウデス。
キノコ：ところで博士、2行目に「顔に何かついてるの」って聞いてるよね。本当に米粒がついてたらどういうの？
博士：There's a piece of rice on your face. でいいんじゃない。相手が女の子だったら、I don't want you to be embarrassed, but... とかなんとかまず言っておいてね。ここでも使ってるけど、embarrass って言う語は日本人が考えてるよりずっと応用範囲が広いから、勉強してみてほしい。慣れるととても便利。It's embarrassing to speak in the interview. とか、顔を赤らめて Gee, I'm embarrassed!（恥ずかしい！）とか。

M: ヘレン、ちょっと言いたいことがあるんだ。

W: なに？　私の顔になんかついてる？

M: いや、そうじゃない。君の顔はキレイだよ。

W: え、あら、ありがとう。

M: つまり、その、君は見事な目をしているし、鼻も美しくて……

W: ボブ、やめてよ。照れるじゃない！

M: あぁ、でも外見だけじゃないんだ。だって、君は頭もいいし、優しいし、おもしろいし……

W: あら、あなたもよ！

M: わぁ、ありがとう。でも、要するに、僕が言おうとしているのはね、ヘレン、君を愛してるよ、ってことなんだ。

W: 私もよ、ボブ。

No.15 下は見ないで！ [恐怖]

Track 47

M: Mary, uh, I think I want to go **back** now.

W: Go **back**? Don't you want to go to the **top** of the mountain?

M: **No**t really, I'm s**care**d. This **trail** is really **narrow**, and this **canyon** is really **deep**.

W: I told you, **Paul, don't look down**.

M: I **can't** help it! **Oh**, I don't feel so good. My knees are shaking. I'm, I'm kind of **dizzy**.

W: Here, **sit down** and drink some **water**.

M: OK, but I **really** think I want to go **back** down.

trail: 登山道
canyon: 渓谷
dizzy: 目まいがして
I can't help it.: 〜するのは仕方がない、
　　どうしても〜してしまう

キノコ：ふたりで山に登ってんのね。で、恐いって言ってるのが男性のほうなのね。男性よ、男性。
博士：そんなに強調することはないでしょう。恐いときは恐いものなんだから。キノコ、恐いってのは？

キノコ：I'm scared. でしょ。シャドーイングしてて恐いっていう感じが伝わってきたもの。I can't help it! って「しようがない」っていう感じなのよね。これ、覚えて使いたいわ。博士がね、シャドーイングしたらいいのはね、I don't feel so good. My knees are shaking. I'm kind of dizzy. ってところ。
博士：ご心配、恐縮です。
キノコ：I don't feel good. も結構応用が利きそうね。
博士：そうだよ。病院でも使えるし、気分を害したときにも使えるよ。嫌なこと言われてムカッときたときとか。I don't feel good about it at all. みたいに。
キノコ：なるほど、なるほど。チェック。
博士：それからここでは、彼女の落ちついた指示的な表現とPaulの不安に満ちたイントネーションを対照的にシャドーイングしたいね。ふたつのモードの練習ができる。わからないときにはシンクロ・リーディングでまず練習。

M: メアリー、そろそろ引き返したいと思うんだけど。
W: 引き返すですって？　山頂まで行きたいと思わないの？
M: いや、別に。怖いんだ。この道ホント狭いし、この渓谷すごく深いよ。
W: 言ったでしょ、ポール。下は見ないで、って。
M: つい見ちゃうんだよ。あぁ、気分があ

まりよくない。ヒザが震えてるし、ちょっと目まいがする。
W: ほら、座って、水飲みなさいよ。
M: そうだね。でもホントに下山したいと思ってるんだけど。

No.16 書けない作家［自己嫌悪］

Track 48

W: Chris, are you alright? Any **p**rogress with your **s**tory?

M: **N**ope. I didn't get to write even a **s**ingle **s**entence overnight. That **j**erk will **c**all me soon. What more do they **w**ant from me? I've just run out of whatever creativity, inspi**r**ation and i**dea**s for this, and probably energy as well. My **b**rain's dried **up**.

W: **C**ome on, Ch**r**is, you can do it! Who else in the world can write stories better than **you**? You're the most talented **wr**iter in this field. **E**verybody knows that! There's no…

M: **C**ut it **ou**t, Jane, **that**'s enou**gh**! I've **heard** that **thou**sands of times and that means **no**thing to me. You know that I'm not a **ge**nius— you know that well enough. It's not about **t**alent and how much **mo**ney I make, it's simply a matter of whether I can **wr**ite or not!

---

progress: 進展	**talented:** 才能のある
jerk: まぬけ	**genius:** 天才
run out of…: ～がなくなる	**simply:** 単に
dry up: 枯渇する	

Check!

キノコ：かなり煮詰まってるわね、この人。奥さんの励ましに噛みつくなんて、サイテー。

博士：まあまあ。文筆業、つまり小説家か何かなんだろうね。 jerk ってのは、たぶん編集者を「あの野郎」って言っているんだろうけど、これは覚えても使わないようにね。えらいことになりかねないからね。それより、自分が煮詰まった時の表現を練習してみよう。

キノコ：run out of... って便利そう。

博士：確かに。run out of gas って言えばガソリンがなくなるって意味だし。「なくなっちゃう」って言う意味ではいろいろなものとくっつけられるんだ。

キノコ：そう、ここでは、creativity, inspiration, ideas, energy っていうようなちょっと抽象的な言葉ともくっついてるもの。run out of power とか air なんてのもいけそうね。あ、呼吸困難になりそう。

博士：後半は、自分のことをいらついて言ってるんだけど、こんなふうにも言えるってことを勉強したいね。〜means... to me も自己表現には便利。

キノコ：逆に It means a lot to me. って言える？

博士：もちろん。いいよ、その発想。

W: クリス、大丈夫？　物語の進展は？

M: なし。夜通しで一文すら書けなかった。あのバカがもうじき電話してくるよ。これ以上俺に何を求めてるんだ？　もう書くための創造性も、着想も、アイデアもなくなってしまったんだ。それにおそらく気力だって。脳が枯渇してしまったんだ。

W: まあまあ、クリス、あなたならできるわよ。あなたより上手に物語を書ける人なんて世界に誰もいないんだから。あなたはこの分野で最も才能のある作家なのよ。それはみんな知っているわ。

M: やめてくれよ、ジェーン、もううんざりなんだ。そんなの何千回と聞かされてきたし、俺にとっては何の意味もないんだよ。僕が天才じゃないことは知っているだろ。そんなこと十分にわかっているじゃないか。才能とか、いくら稼ぐとかじゃないんだ。単に書けるかどうかという問題なんだよ。

No.17 8年ぶりにバッタリ [驚き]

Track 49

M: Monica **Taylor**?

W: Hmm? Oh, oh my **gosh**! **Gary Winters**?

M: **That's right**!

W: **I** can't be**lieve** it! How long has it **been**?

M: About eight **years**. How have you **been**?

W: Great, and **you**?

M: **Pretty good**. What are you **doing** here?

W: I work in this building.

M: **You're kidding**! Me **too**!

W: **No way**!

      No way!: まさか、そんなばかな

キノコ：こういう再会ってありそうね。

博士：そうそう。特に空港なんかのようにいろんな人が混じり合うところではね。ここでは多くの企業が入ったビルなのかな。出会ったのはおそらく高校とか大学の同窓生だね。

キノコ：この会話なんかは日本語でもきっとこう言うだろうなってのがあってわかりやすいわ。

博士：それはなぜだかわかる？　キノコがそういうシーンをすでに経験していて、その経験がこの状況での理解に役立ってるんだね。

キノコ：何が言いたいの、博士？

博士：生活で遭遇するであろうさまざまなシーンを経験しておくことが大切だということ。それがその文脈での英語表現と結びつくと鬼に金棒、キノコにシャドーイング。

キノコ：つまりシャドーイングもいろいろなシーンをやってその文脈で使われる表現に慣れておくといいってことね。

博士：ご明察。本書にもそういうアイデアが入ってる。生活のさまざまなシーンを切り取って材料を集めたんだ。

キノコ：なかなか宣伝がうまくなったわね、博士。

博士：文法ぎらいなキノコのためだよ。

M: モニカ・テーラー？

W: え？　あら、やだ！　ゲーリー・ウィンターズ？

M: そう！

W: 信じられない。何年ぶり？

M: 8年ぶりくらいじゃないか。元気だった？

W: とっても。あなたは？

M: 元気だったよ。ここで何やってるの？

W: このビルで働いてるのよ。

M: ウソだろ。僕もだよ。

W: まさか！

No.18 レストランで注文をする

Track 50

W: **He**llo, are you **rea**dy to **or**der?

M: **Wha**t is today's special?

W: Grilled **sal**mon— I recom**me**nd it.

M: **Sou**nds **goo**d, I'll have **tha**t.

W: OK, what **k**ind of salad dressing would you like?

M: Italian, please.

W: Do you prefer French **fri**es or a **ba**ked potato?

M: I'll have a **ba**ked po**ta**to.

W: Can I get you anything to **d**rink?

M: What kind of **beer** do you have?

---

recommend: おすすめする

Check!

□ ①リスニング　　　□ ④シンクロ・リーディング
□ ②マンブリング　　□ ⑤プロソディ・シャドーイング
□ ③確認　　　　　　□ ⑥コンテンツ・シャドーイング

キノコ：レストランの会話って、簡単そうでなかなかスムーズにいかないのよね。

博士：わかる、それ。知らないで手作りサンドウィッチの店なんか初めて行った日にゃ大変だよ。まず、パンの種類聞かれる。それからパンのサイズ、焼くかどうか、中に入れる肉の種類、薬味（これが食べたことがないとわからない）、マスタード、ケチャップがいるかどうか。チーズの種類（コレも多い）。ひとつひとつの質問が機関銃の弾のように飛んでくる。ヘタするととんでもないサンドウィッチに化けちゃう。

キノコ：フフ、博士でも経験っていうか、背景知識がないとダメなのね。ちょっと安心したわ。で、ちゃんとサンドウィッチ食べられたの？

博士：うん、でもわからないのが悔しいから3日続けて行った。注文内容変えながら。

キノコ：執念っていうか、食い意地が張ってるのね。

博士：レストランの注文のように、質問がその文脈特有のものは、経験すれば会話の種類や順番まで予測できるから、練習する効果が大だよ。ここでも質問の種類を考えながらシャドーイングしてほしい。

W: いらっしゃいませ。ご注文はお決まりですか？

M: 今日のスペシャル料理は何ですか？

W: グリルドサーモンでございます。おすすめいたしますよ。

M: いいですね。それにします。

W: かしこまりました。サラダ用のドレッシングはどうなさいますか？

M: イタリアンでお願いします。

W: フライドポテトとベークドポテトはどちらになさいますか？

M: ベークドポテトで。

W: お飲み物はいかがいたしましょう？

M: ビールは何がありますか？

No.19 飛行機を乗り換える

Track 51

M: Excuse me, I need to **change** planes. Can you tell me where to **go**?

W: May I see your **ticket**?

M: **Here** it is. I'm going to **Port**land.

W: OK, **that** flight de**parts** from Gate 23.

M: Gate **23**— **where** is **that**?

W: **Down that** way. It's about a **ten** minute walk.

M: Oh, **no**! The flight leaves in fifteen **minutes**!

W: **Hurry**, sir.

---

depart = leave: 出発する
Down that way.: この道をまっすぐ行って

キノコ：博士はよく旅行するんでしょ？　空港でトラブルなんかないの？

博士：年に１、２回くらい出張するけどね、いつもヒヤヒヤ。乗り継ぎに間に合わなかったことも２回くらい。サンフランシスコ上空で、自分の飛行機がなかなか着陸させてもらえなくて、上空で待機中に次の乗り継ぎ便が出ちゃったりとか、テロ対策で前の人の入管手続きがすごく時間がかかって遅れたりとか。で、あげくに次の乗り換えまでに８時間待ち。来るべき飛行機が突然キャンセルとか。今は多くの航空会社が共同運航をしているから、そういうトラブルが増えているようだね。海外へ出ると、日本の常識が通用しない世界だと思ったほうがいい。

キノコ：そんなときにはどうするの。

博士：まずは情報収集。それから解決法の相談と交渉。この会話のように乗り継ぎ時間がほとんどないということもあるから、少量の荷物では預けずに手荷物にしておいて、まさかのときにすぐ動けるようにしておいたり。飛行機に乗り遅れたときには、I wonder if you can help me. My plane had left before I arrived here. What do you suggest for my next connection（乗り継ぎ）？なんていう表現を覚えておくと役に立つよ。

M: すいません。飛行機を乗り換えないといけないんです。どこに行けばいいですか？

W: チケットを見せていただけますか？

M: これです。ポートランドに行くんですけど。

W: わかりました。その便は２３番ゲートから出発です。

M: ２３番ゲートですね。どこにあります

か？

W: あの通路を行ってください。歩いて約１０分です。

M: ええ、そんな！　あと１５分で出発なのに！

W: お客様、お急ぎください！

No.20 電話で商品を注文する

Track 52

M1: Lighthouse Sportswear, how may I help you?

M2: Hello, I'd like to order something from your catalogue.

M1: Sure, can I have the item number please?

M2: Yes, it's B35667.

M1: OK, the lightweight nylon jacket?

M2: Yes.

M1: What color and size would you like?

M2: I'd like royal blue, size large.

M1: Anything else for you today?

M2: That's all, thanks.

キノコ：カタログで注文しているってことは電話での会話ね。電話での会話も苦手。

博士：それもよくわかる。相手の表情が見えないから余計大変。注文や問い合わせの場合は、相手がこちらの情報を要求してくるから、自分の住所や注文の品に関する書類はすぐ手が届く範囲に用意しておこう。ここでも item number 聞かれてるよね。item の一言を聞き取ることができなかったら、どの番号聞かれてるのかわからなくなる。

キノコ：そういうときにはどうするの？

博士：What number? って聞き返すだけでいい。でも聞かれたのが番号とわかってるのと、何を聞かれたのかわからないのとでは、天と地ほどの差がある。そういう意味で、その文脈で問われるであろう情報の種類を広く予想しながら聞くことが大切。シャドーイングではそれを言うわけだから店員の立場も経験できる。

キノコ：一挙両得って言いたいんでしょ。

博士：その通り。きちんと情報が伝わると楽しいモンだよ。何より自信がつく。

キノコ：スピーキングとリスニングは表裏一体なのね。

M1: ライトハウス・スポーツウェアです。ご用件を承りますが。

M2: もしもし、カタログの商品を注文したいんですが。

M1: かしこまりました。商品番号をお願いします。

M2: はい。B35667です。

M1: かしこまりました。軽量ナイロンジャケットですね？

M2: はい。

M1: カラーとサイズはいかがなさいますか？

M2: ロイヤルブルーのLサイズをお願いします。

M1: ご注文は以上でよろしいですか？

M2: 以上です。どうも。

No.21 症状を説明する

Track 53

W: **What**'s the trouble?

M: Well, I have a sore th**roa**t and a **hea**dache.

W: Have you taken your **te**mperature?

M: **Yes**, I have a slight **fever**.

W: Is your s**to**mach up**set**?

M: **No**, but I have no **a**ppetite, and I get **dizzy** sometimes.

W: It **sou**nds like the **flu**.

M: That's what it **feel**s like.

---

have a sore throat: ノドが痛い
have a headache: 頭痛がする
have a slight fever: ちょっと熱がある
have no appetite: 食欲がない
get dizzy: めまいがする
flu: インフルエンザ

Check!

□ ①リスニング　　　□ ④シンクロ・リーディング
□ ②マンブリング　　□ ⑤プロソディ・シャドーイング
□ ③確認　　　　　　□ ⑥コンテンツ・シャドーイング

キノコ：これはお医者さんね。海外の病院で症状を伝えるってのは大変よね。しかもこれが、電話で症状を伝えるってのはもっと大変。

博士：そうだよ。病院っていう文脈での会話は、そこで使われる単語や表現をある程度知らないと、まったく対応ができないってことになる。

キノコ：まずは自分の症状 (trouble) の説明ね。sore throat と headache。胃痛は stomachache、痛みはほかに言い方ないのかしら？

博士：pain も覚えておくと便利。I feel pain in my chest は胸に痛みがある。pain in my knee で、ひざの痛み。もし目が痛いなんてことだったら？

キノコ：pain in my eyes でいいってことね。熱があるかどうかは have a fever ？

博士：そう。高熱は a high fever。I feel dizzy. はそれでめまいがしてフラフラするとき。bleeding は出血、bleeding from the cut で傷口からの出血、bleeding from the nose で鼻血だね。stomach に使うと？

キノコ：bleeding from the stomach?! それじゃ死んじゃう。

博士：胃潰瘍のレントゲン写真なら使えるよ。

W: どうなされました？
M: え～と、ノドが痛くて、頭痛がします。
W: 熱は計られました？
M: はい、微熱があります。
W: 胃の調子は悪いですか？
M: いえ。でも食欲がなくて、ときどき目
　　まいがします。
W: インフルエンザのようですね。
M: そんな感じがします。

No.22 道を尋ねる

Track 54

M1: Excuse me, do you know where the Hutchinson Museum is?

M2: Yes, it's not far. Let's **see**... **wal**k down to that traffic light and **tur**n right.

M1: **R**ight at the traffic light, **OK**.

M2: Then walk about **two** b**lo**cks. You'll see the mu**se**um on the **le**ft side of the street.

M1: Is there a **s**ign?

M2: **Y**es, you **ca**n't miss it.

M1: OK, **th**ank you very much.

Let's see...: ええと。時間をかせぐときに使う。
traffic light: 信号
You can't miss it.: 見逃すはずがない。＝すぐにわかる。

Check!

キノコ: 道を尋ねるときの表現って知らないんだ、あたし。

博士: そうだね、direction telling（道筋の指示）っていうのも、ひとつの大切な会話の分野だね。知らないと、せっかく聞いても相手が言ってくれていることがわからないってことになる。でも大丈夫。場所を表す名詞と空間的配置を表す前置詞の組み合わせさえモノにすれば、わかるようになるよ。特にシャドーイングで繰り返すことで、相手の指示がよりはっきりと確認できるよ。

キノコ: walk down to の down ってどんな時に使うの？

博士: サンフランシスコみたいに坂があれば下り方向には down、上り方向には up って使うけど、「ここをまっすぐ行って」ってときに down は普通に使う。大して意味はないから気にしないでいい。

キノコ:「信号で右」ってところ、聞いた人が at で言い換えてるわね。to じゃないんだ。

博士: 聞いた人は信号まで行ったと考えて、「そこで」と考えたんだね。だから at。at は点のイメージ。You can't miss it. って聞くと「絶対わかる」って感じ。安心するね。

M1: すいません。ハッチンソン美術館がどこかわかりますか？

M2: ええ。そう遠くないですよ。ええと、信号まで歩いて、右です。

M1: 信号を右ですね。わかりました。

M2: それから2ブロックほど歩くと左手に見えますよ。

M1: 標識はありますか？

M2: ええ。すぐわかりますよ。

M1: わかりました。ありがとうございました。

No.23 両替をする

Track 55

M1: Hi, I'd like to exchange Japanese yen for dollars.

M2: OK, do you have cash or traveler's checks?

M1: Cash. Is there a service charge?

M2: Do you have an account at this bank?

M1: No, I don't.

M2: Then there is a one percent charge.

M1: I see. OK.

M2: What is the amount in yen?

M1: I want to change 20,000 yen.

exchange... for 〜: ……を〜と交換する、両替する
(service) charge: 手数料
have an account: 口座を持っている
amount: 総額

Check!

- [ ] ①リスニング
- [ ] ②マンブリング
- [ ] ③確認
- [ ] ④シンクロ・リーディング
- [ ] ⑤プロソディ・シャドーイング
- [ ] ⑥コンテンツ・シャドーイング

キノコ：あー、こんなのだめ、苦手。銀行キライ。

博士：まあまあ、海外へ行って滞在が長引くと必ず換金の必要って出てくるよね。食わず嫌いはダメだよ。でも心配しなくていい。特定の文脈での会話は、話題が決まってるから使われる単語も表現も決まってる。後は慣れるだけ。基本的な表現を見ていこう。

キノコ：exchange yen for dollarsで、ドルとの交換なのね。

博士：そう。為替レートはexchange rate。交換レートを頭に入れておかないと、不要な損をすることがあるよ。それと慣れないのはお金の形態。いろいろあるからね。トラベラーズ・チェックのように小切手はcheck、現金はcash。service chargeは交換の手数料だね。

キノコ：chargeってよく聞くけどよくわかんない。

博士：うん、chargeは基本的に、「請求する」って意味。だから何かを買って代金を請求されたり、税金がかかってきたらchargeが使われるんだ。10% of tax was charged on the price. とか。extra charge for late night service. とか。ここでは銀行口座（account）がないことで1%のchargeが発生してる。

M1: すいません、日本円をドルに両替したいんですが。

M2: かしこまりました。現金でしょうか、それともトラベラーズ・チェックでしょうか？

M1: 現金です。手数料はかかりますか？

M2: 当銀行に口座をお持ちですか？

M1: いえ、持ってません。

M2: そうしますと、1％の手数料がかか
ります。

M1: そうですか。わかりました。

M2: 日本円で総額いくらになりますか？

M1: 2万円両替したいんですが。

No.24 単位の説明をする

Track 56

In the US, we use inches, **fee**t, **mi**les and **pou**nds. When I **came** to Japan, I had trouble. If someone **said**, "It's a hundred and fifty **me**ters from the station," I didn't know how **far** it was. If someone **said**, "**Ke**n is 178 cen-timeters **tall**," I didn't know if **Ken** was **tall** or **short**. **Now** I'm **g**etting used to it. I know fifty **ki**lometers is about thirty **mi**les, and twenty-five **ki**lograms is about **fifty**-five **pou**nds, but I still have to **tr**anslate in my **mi**nd.

1 inch = 2.54 cm
1 foot = 30.48 cm (= 12 inches)
1 mile = 1.6 km
1 pound = 454 g
have trouble: 困る
get used to…: 〜に慣れて

Check!

□ ①リスニング　　　　□ ④シンクロ・リーディング
□ ②マンブリング　　　□ ⑤プロソディ・シャドーイング
□ ③確認　　　　　　　□ ⑥コンテンツ・シャドーイング

キノコ：単位の換算って頭痛の種だけど、これはあたしたちだけじゃなくて日本にくる外国人の人たちにも悩みの種だったのね。

博士：お互い様だね。特に12インチが1フィートってのはメートル法に慣れている国民には、英語プラスのわかりにくさがある。

キノコ：1マイルは1.6キロメートルよね。

博士：そう。重さでは、1 pound は454グラム。poundは発音にも気をつけたい。[au]と二重母音が入ってる。ポンドではくるしい。ちなみにポンドの表示はlb(s)。

キノコ：ポンドの下は？

博士：ポンドの下はオンス（ounce）で、約28グラム。16オンスで1ポンドなんだ。表示はoz。

キノコ：あー、ダメっぽい。タイム！

博士：ひとつ、いい方法があるよ。自分の身長と体重を英語の単位で言えるようにしておくのさ。そうするとイメージがつかみやすい。僕は身長175cmだから、5 feet and 9 inches。体重65キロだから144 poundsっていう風に。人のを聞いても自分のデータと比較するからイメージが作りやすい。まず己を知れってことだ。ハイ、君の体重は？

アメリカでは、インチ、フィート、マイル、ポンドを使うんです。だから日本に来たときは困りました。「駅から150メートルだ」と言われても、どのくらいの距離があるのかわからなかったんです。「ケンの身長は178センチメートルだ」と言われても、ケンの背が高いのか低いのかわかりませんでした。今ではそういうのにも慣れてきました。50キロメートルはだいたい30マイルで、25キログラムは約55ポンド。でもまだ頭の中で「換算」してしまうんですよね。

No.25 専攻科目について話す

Track 57

M1: What classes are you taking this semester?

M2: Well, I have European History 201.

M1: Are you a history major?

M2: Yes, you're a science major, right?

M1: Yes, biology.

M2: Sounds interesting.

M1: It is, but I have to take math classes. I'm not good in math!

M2: Neither am I. This semester I'm taking calculus. It's really tough!

> **semester:** 学期
> **biology:** 生物学
> **major:** 専攻
> **calculus:** 微積分

Check!

□ ①リスニング　　　□ ④シンクロ・リーディング
□ ②マンブリング　　□ ⑤プロソディ・シャドーイング
□ ③確認　　　　　　□ ⑥コンテンツ・シャドーイング

キノコ：これは、どういうシチュエーションなの？

博士：これは大学で学生同士が学期が始まる前にどんな授業を登録するかを話してるんだ。9月始まりで5月までの2 semestersで1年って勘定。一般的に授業の数字の桁数が上がっていくとレベルが高い、つまり専門性が高くなるんだ。

キノコ：majorって？

博士：自分の専攻のことをmajorっていう。アメリカの大学では副専攻も取れて、これはminorって言う。

キノコ：へえー、ふたつの分野を視野に入れて勉強するっていいわね。進路の選択に幅を持たせることによって将来の選択肢が拡がるシステムは日本の大学にも見習ってほしいわ。

博士：そうだね。大学の科目についてはある程度基本的な分野の単語は知っておいたほうがいい。簡単なところでは History、Mathematics、Computer Science、Music。Education は教育だね。それに French、Spanish、Chinese といった語学系、Psychology は心理学。言語学は Linguistics、僕の分野は Applied Linguistics（応用言語学）って言葉と言葉の学習との関係を研究している。

M1: 今学期はどの授業を取るの？
M2: えっと、ヨーロッパ史201。
M1: 専攻は歴史？
M2: うん。君は科学専攻だよね？
M1: うん。生物学。
M2: 面白そうだね。
M1: 面白いよ。でも数学も取らないといけなくて。数学は苦手なんだ。
M2: 僕もだよ。今期は微積分を取るんだ。ほんとに厳しそうだよ。

No.26 パソコンの使い方を説明する

Track 58

OK, **first** click this icon. **Now** go to the **too**lbar at the **top** and click "**File**" and **this** menu comes up. Click "**New** File," then the file ap**pear**s. The **curs**or is here, **see**? So you can **start** typing here. If you want to **cha**nge something, you'll **find** it in the **too**lbar. For e**xa**mple, to change the **font**, click "**Option**" and find "**Font**." **Yeah, there** you go!

| **There you go.:** ほらね、どうだい

Check!

□ ①リスニング　　□ ④シンクロ・リーディング
□ ②マンブリング　　□ ⑤プロソディ・シャドーイング
□ ③確認　　　　　　□ ⑥コンテンツ・シャドーイング

キノコ：これはコンピュータの使い方を教えてくれてるのよね。やさしそうなんだけどサッパリ。なぜかしら。
博士：これも特殊な文脈での英語と考えたらいい。使われる言葉が特殊、つまり他の場面ではほとんどないような言葉が多いからさ。逆に言うと、
キノコ：いったんわかったらカンタン！
博士：そのとおり！　むずかしく聞こえる単語も意外に知ってる単語ばかり。言っている内容も知っていることが多いはず。
キノコ：恐れるに足らずね。
博士：ではチェック。パソコンの画面をイメージしてね。click the iconはパソコンのイロハのイだ。toolbar at the topってどの辺かな。
キノコ：フムフム。それでclick the fileなんだ。cursorが聞き取れないわ。よく知ってるはずなのに悔しい。
博士：発音記号を見ると/kə́rsər/でアクセントは初めの音節だ。/r/は口の中で舌がどこにもつかない音。日本語はカ・ー・ソ・ルって4拍だけど英語はクァー・ソーでふたつの音節しかない。まったく違う音だと思ったほうがいい。日本語の音は忘れて。シャドーイングで聞いた音をリピートしよう。

いいですか、まずこのアイコンをクリックしてください。では一番上にあるツールバーに行って、「ファイル」をクリックします。するとこのようなメニューが出てきます。「新規作成」をクリックするとファイルが開かれます。カーソルはここにあります。わかりますか？　ここからタイプしていけます。変更したいことがあれば、ツールバーの中にあります。例えばフォントを変更したい場合は、「オプション」をクリックして「フォント」を選びます。そうです、できましたね。

No.27 留守電に伝言を残す

Track 59

W: **This** is **Sa**ndra **Ro**gers. I'm away from my desk now. Please leave a message after the **to**ne.

M: Hel**lo**, **this** is **Tom Car**ter from GBN Electronics. I've ar**ri**ved at the Central Ho**tel**, the **pho**ne number is 368-2254 and my **roo**m number is 516. My **ce**ll phone number is 321-679-4345. If anything comes **up**, please **ca**ll me. I will be at your **o**ffice at 10:30 tomorrow morning. I'm looking forward to **mee**ting you, good**bye**.

> **leave a message:** 伝言を残す
> **If anything comes up:** もしなにかあったら。ここでは **come up** は「起きる」の意味。

Check!

□ ①リスニング □ ④シンクロ・リーディング
□ ②マンブリング □ ⑤プロソディ・シャドーイング
□ ③確認 □ ⑥コンテンツ・シャドーイング

キノコ：これは、留守電なのかしら。
博士：そうだね。サンドラはどこかの会社の担当者なんだろうけど席をはずしてるんだね。
キノコ：ふーん、away from my desk って言うんだ。leave a message ってのはアタシもわかるわ。

博士：〜会社の……って言うときに of じゃなくて from を使ってることに注意して。伝言に含まれる情報の種類は？
キノコ：所属会社名、滞在しているホテル名、ホテルの電話番号、部屋番号、携帯の番号、それに明日の訪問時間ね。たぶんアポイントメント（appointment）はもう取ってるんでしょうけど。
博士：そうだね。ビジネスという文脈で取引相手同士が会うときに必要な情報が何かということがわかっていると、話される内容もだいたい予想がつくね。
キノコ：シャドーイングには予測を使えってことね。
博士：そうだ。話の内容を予想するってのは、聞き方としては全体から攻めるってことで、トップダウン的リスニングという。それに対して、ひとつひとつの音や文法単位での音を聞き取って小から大へと意味を組み立てながら全体を捉えようとする聞き方をボトムアップ的リスニングというんだ。両方の技術が必要なんだね。

W: サンドラ・ロジャースです。ただいま席を外しております。発信音のあとにメッセージを残してください。
M: もしもし。GBNエレクトロニクスのティム・カーターです。セントラルホテルに着きました。電話番号は368-2254 で、私の部屋番号は516です。携帯電話は321-679-4345です。何かありましたら、お電話ください。明日の午前10時30分には御社に伺いますので。お会いできるのを楽しみにしております。それでは失礼します。

No.28 プレゼンの数字に強くなる

Track 60

We asked **ni**nety people to **try** our ba**na**na cake. **Let's loo**k at this **chart**. There were th**ree** age groups: each group had **thir**ty people. The youngest group was sixteen to twenty-one years **old**. In **this** group, **six** people said the cake was "**very goo**d", e**le**ven people said **goo**d, **te**n said "OK", and th**ree** said "**not goo**d." So t**wen**ty percent of young people thought the cake was very **goo**d and over **thir**ty-three percent thought it was **jus**t "OK." In the older groups, about fifty percent responded "**very goo**d." This means **two** th**ing**s. **First**, we need to improve the fl**avo**r of the cake; **second**, we should **tar**get the over-twenty-one **market**.

| respond: 回答する
| flavor: 味

Check!

☐ ①リスニング　　☐ ④シンクロ・リーディング
☐ ②マンブリング　☐ ⑤プロソディ・シャドーイング
☐ ③確認　　　　　☐ ⑥コンテンツ・シャドーイング

キノコ：なあにこれ。サッパリわかんないわ。

博士：これはプレゼンだ。キノコしたことないかい？

キノコ：ありましぇーん。

博士：開き直ってるね。ちょっとは興味を示しなさい。君の好きなバナナケーキの調査結果についてだよ。

キノコ：それを早く言ってほしい。

博士：＊＋♪％$!!　まず訳を読んで内容を頭に入れなさい。30人ずつの3つの年齢集団に味見をしてもらったんだね。その調査結果。

キノコ：youngest group っていうことは16歳から21歳のグループの結果ね。この最年少グループでのバナナケーキの人気は今ひとつで、the older groups、つまりソレより年上グループでのほうが人気があったのか。

博士：そのようだね。で、調査結果の結論は、フレーバーの改善。それから the over-twenty-one 市場に焦点を合わせた戦略を考える必要ありってことだね。

キノコ：こういうの苦手、数字がたくさん出て難しい。

博士：数字が出てきたときは正確にシャドーイングすることを心掛けてごらん。最初は数字の意味がわからなくても口頭で繰り返すうちに、数字のイメージができるから。

90人に当社のバナナケーキの試食をお願いしました。こちらのチャートをご覧ください。3つの年齢層に分け、それぞれ30人ずついます。最も若いグループは16歳から21歳です。このグループでは、6人が当社のケーキは「とてもおいしい」と答え、11人が「おいしい」、10人が「まあまあ」で、3人が「おいしくない」という回答でした。つまり、20％の若者がケーキは「とてもおいしい」と思い、33％以上が「まあまあ」と思ったということです。年齢の高いグループでは、約50％の人が「とてもおいしい」と答えました。この調査結果はふたつのことを意味しています。まず、ケーキの味を改良する必要があるということ。ふたつ目には、21歳以上の市場に焦点を絞るべきだということです。

No.29 調理法を説明する

Track 61

Hi, I'm the Gl**o**betrotting **Ch**ef! To**d**ay we're going to make a **M**exican dish called guacam**o**le. This is a del**i**cious dip for chips and vegetables. **Here** is my f**a**vorite guac**a**m**o**le r**e**cipe. You need f**i**ve avoc**a**dos, **half** an **o**nion, one half **tea**spoon of **gar**lic salt, one **tea**spoon of l**e**mon juice, and one and a half **tea**spoons of **M**exican chili sauce. **First, chop** the **o**nion in the **foo**d processor. Now put **all** the other ingredients in the food processor and bl**e**nd for twenty seconds. **Put** the guac**a**m**o**le in a **bowl**, and it's **r**eady! **Ol**é!

> **chop:** 切り刻む
> **ingredient:** 材料
> **blend = mix:** 混ぜる

博士：さあ、次はキノコ得意の料理番組だよ。

キノコ：まかせて。グワカモーラの作り方よね。メキシコの料理ね。

博士：知ってんの？

キノコ：食べたことないわ。でもおいしいって聞いたことある。コーンチップなんかにつけて食べるディップの一種よね。博士、材料チェックよ。

博士：ハイハイ。アボカド５つ、タマネギ半分、ガーリック味の塩、小さじに半分。レモンの絞り汁とチリソース少々。

キノコ：違うでしょ、レモンの絞り汁は小さじ１杯分、チリソースは小さじ１杯半。わかってんの、丁寧に聞かなきゃ。え、立場が逆転？　たまにはいいじゃない。

キノコ：材料が頭に入ったら、**音源を聞きながらシンクロ・リーディング**をしましょう。ここは、テレビの料理ショーのひとコマだからアクセントやイントネーションを是非とらえたいですね。はい、みんなで口を大きく使いましょう。キノコと一緒にシャドーイング！

博士：やれやれ。キノコさん、ご苦労様。この方はとても丁寧に話してるから、英語がつかまえやすいね。

こんにちは、グローブトロッティングのシェフです。今日はグワカモーラというメキシコの料理を作ります。これはチップや野菜につけるおいしいディップです。私のお気に入りのグワカモーラのレシピをご紹介します。必要な材料はアボカド５個、タマネギ半分、ガーリックソルトを小さじ半分、レモンの絞り汁を小さじ一杯、メキシカン・チリソースを小さじ一杯半です。まず、フードプロセッサーでタマネギをみじん切りにします。次に、他の材料もすべてフードプロセッサーの中に入れ、20秒間混ぜます。グワカモーラ（混ぜたもの）を器に盛れば、出来上がりです！　オーレイ！

No.30 世界の天気予報

Track 62

Now for to**mo**rrow's world weather fore**ca**st. New **Yor**k will be **su**nny with a **high te**mperature of fifteen degrees Celsius or **fi**fty-nine degrees **Fah**renheit. **Pa**ris will have **thu**nderstorms in the afternoon— the **high** will be twelve degrees **Ce**lsius, about fifty-four Fahrenheit. **To**kyo will have cloudy skies with a twenty percent chance of **rai**n. The **high** temperature will be **ni**neteen degrees Celsius or **si**xty-six Fahrenheit. But on Saturday, **mo**st of Europe **and** East Asia will be **su**nny and the **ea**stern US can expect **hea**vy **rai**n. **Whe**rever you **are**, it's a **goo**d i**dea** to **ca**rry an umbrella. The weather is very **cha**ngeable **all** over the globe.

weather forecast:	天気予報
temperature:	気温
degree:	度
Celsius:	摂氏
Fahrenheit:	華氏
thunderstorm:	激しい雷雨
chance of rain:	降水確率
changeable:	変わりやすい

Check!

博士：Stage 1の最後は天気予報。世界の天気予報だ
ね。さまざまな地域の天気の様子が紹介されている。こ
れも気象予報で使われる表現に浸りながら、まず、シン
クロ・リーディングで感覚をつかんでいこう。rainy、
sunny、windy、cloudyはまず基本だね。それから結
構激しい天候としては、thunderstorm（雷を伴う暴風
雨）、hurricane（ハリケーン）、typhoon（台風）、tor-
nado（竜巻）、blizzard（雪嵐）などがあるね。

キノコ：気温がややこしいわ。Fahrenheitって華氏でしょ。さっ
ぱりわからない。摂氏と違って数字がとても大きいっていうくらい。

博士：そうだね。華氏の温度のイメージはつかめなくてもいいよ。
シャドーイングでは、数字だけつかむようにしよう。イメージは摂
氏（Celsius）でわかればいいから。予報の中でwithって前置詞が聞
こえたら注意。

キノコ：どうして？

博士：予報の詳しいことが述べられる。ここでは好天での気温や曇
天での雨の可能性。with以下がきちんと取れだしたら立派。天気予
報のシャドーイングは完成だ。

次は明日の世界の天気です。ニューヨー
クは晴れで、最高気温は摂氏15度、華
氏59度です。パリでは午後に激しい雷
雨があり、最高気温は摂氏12度、華氏
54度です。東京は曇りで、降水確率は
20％、最高気温は摂氏19度、華氏66
度です。しかし、土曜日には、ヨーロッ
パと東アジアはおおむね晴れとなるでし
ょう。アメリカ東部では大雨が予想され
ます。どこの国でも、傘を持ってお出か
けになるとよいでしょう。世界中で変わ
りやすい天気となっています。

Column #02 シャドーイングで文法知識とリズムをくっつける

　赤ん坊はお母さんに抱かれながら、愛情一杯の語りかけの中で言葉を獲得していきます。文法知識など習わない赤ちゃんがどうやって、言葉の切れ目や主語・述語といった文法の構造を学ぶのでしょうか。最近では、それは、母親の発するメロディパターン、つまりイントネーションの変化を赤ちゃんが模倣する過程で、基本的なチャンキング（ことばの区切り方）を学んでいると言われています（正高, 2001）。これは、母語の文法知識の基本部分は、インプットとしてのメロディパターンを懸命に模倣する結果、形成されるということへとつながっていきます。大量の英語をリアルタイムで繰り返す訓練を通して、プロソディに関わる音の基本データベースを素早く作っていくのでしょうね。

　これは、基本的に中学校で英文法を学び始める一般的な学習者の獲得する文法知識とは、その質においても機能においてもまったく異なることを意味しています。それは単なる紙の上の知識としての文法と、リズム・イントネーションや感情としっかりと連動した心内に形成された文法との違いです。さてここで模倣に注目しましょう。

　仮説的にですが、シャドーイングをするということは、ネイティブの音声に我々の耳と口を浸すことによって、離れて孤立した文法知識に、リズム、メロディパターンを結びつけていることのように思われます。シャドーイングは、赤ちゃんの時に日本語ではやっても英語ではやってなかったことに回帰して、未知の激しい音の連続からリズムとイントネーションをもとに音の切り出し方を学ぶ訓練と言えるかもしれないのです。

Stage2

台本なしの「なま音声」で「意味」をつかもう

Stage 2 の素材と到達目標について

話されていることがらの「意味」をつかむ

　Stage 2のテーマは「意味」です。スピードはStage 1と比べて特に速いわけではありません。むしろはじめはかなり遅いものもあります。Stage 2の特徴はスピードというよりも、むしろ内容やテーマが多種多様で、興味深いものが多くあるということでしょう。ここではモノローグ（ひとり語り）とダイアローグ（対話）が中心です。おきまりのパターンの会話ではなく、それぞれの話者が話す自由な内容をとらえながらシャドーイング練習しましょう。味わいがあってStage 1とはまた違う楽しさがあるはずです。話者の出身地はそれぞれに異なっていますし、人生を反映した味わい深い話しぶりも魅力です。そういった個々の話者のしゃべりの特徴がシャドーイングで表現できると最高ですね。

　Stage 2での目安は次のとおりです。

金　シャドーイングで80％以上の再生率
　内容を捉えた上で、シャドーイングできるようになっています。さらに個々の話者の特徴をつかんでシャドーイングできるといいですね。

銀　シャドーイングで60％以上の再生率
　だいたい言える感じですが、ところどころ脱落があります。シャドーイングしたとき、苦手なところがありませんか。言えない個所はだいたい同じような特徴をもっているところが多くなってきているはずですから、そこを重点チェック。

銅　シャドーイングで60％未満の再生率
　まだ内容も音も四苦八苦していますね。使用されている語句をもう一度チェックしてシンクロ・リーディングしましょう。全体の内容を頭にイメージすることを意識してください。全体の内容を追いますから、意味を和訳で再確認しましょう。

Unit 1

算数の授業 ローズ・ホーガー

70wpm

キノコ： 博士、ホーガー先生はどちらの出身なのかしら。先生が数える数字がとてもきれいに響いて、いい感じ。算数を教えてるのね。

博士： ホーガー先生はオーストラリア出身の小学校教師。生徒を目の前に想定して授業をしてもらったんだ。聞いていると小学校の算数の教室に入り込んだような気持ちになるよ。英語はオーストラリア英語。/r/音で舌を巻かないでいい。

キノコ： OK, let's starrrrrrt!!

博士： それじゃまるでカメレオンだよ。巻かなくていいって言ったでしょ。アメリカ英語との差を感じながらシャドーイングしてみよう。

数の数え方 ［その 1］

Today in our math lesson, /
we're going to be starting by doing some counting. /
Let's start by doing some very easy counting / from
0 to 20. /
OK, let's start. /

0, 1, 2, 3, 4, 5, 6, 7, 8, 9, 10, 11, 12, 13, 14, 15, 16,
17, 18, 19, 20.

OK. Well done. / Now / do you think you can count
in twos / from 0 to 20? / Let's see if we can try. /

0, 2, 4, 6, 8, 10, 12, 14, 16, 18, 20. /

Well done.

キノコ：算数の授業ね。受けたかったんだ、こういうの。
ゆっくり話してくれるから自分が小学校 1 年生になったみ
たい。
博士：そうだね。シャドーイングは、自分がなったつもり
でやるのが一番。ここのスピードは分速 70 語くらい。余裕のある人は、
口を大きく動かして、発音に気をつけてみよう。ホーガー先生はオー
ストラリア出身で、聞いているとその特徴がわかるよ。
キノコ：それ、そのまま繰り返していいの？
博士：もちろん！　しゃべる人が異なれば英語も変わってくるのと――

Check!

□ ①リスニング　　□ ④シンクロ・リーディング
□ ②マンブリング　□ ⑤プロソディ・シャドーイング
□ ③確認　　　　　□ ⑥コンテンツ・シャドーイング

Well done. = Good Job.
count in twos: ふたつずつ数える

【和訳】
今日の算数の時間は、まず数の数え方から
始めますよ。
とってもかんたんな数え方からいきましょ
う。0から20です。
じゃあ、始めましょう。

0、1、2、3、4、5、6、7、8、9、10、
11、12、13、14、15、16、17、18、
19、20

はい。よくできました。
今度は、ふたつずつ数えられますか？　0
から20です。できるかやってみましょう。

0、2、4、6、8、10、12、14、16、
18、20

よくできました。

緒。国が違えば英語も変わる。語彙だけじゃなくて、母音
も子音もイントネーションも。ひとつの正しい英語なんて
存在しないんだから、いろんな英語を聞いて何でも繰り返
しちゃおう。いろんな英語が話せるようになる。
キノコ：なんだか楽しそう。ところで博士、数字だと先がわかるから
楽だし、つい先にいっちゃうんだけど。
博士：なるほど、気持ちはわかる。でも音をしっかり聞いて、シャド
ーイングしよう。今は音声を正確にとらえる力を伸ばそうとしてると
ころだからね。音を待つ瞬間に注意力が高まるのがわかるはずだよ。

Section2 （Track 64）

数の数え方［その２］

Everyone can remember that **cou**nting **pa**ttern. /
One more counting pattern. **Ye**sterday, we tried counting / in **tens**, from **0** to **100**. /
Let's see if we can **try that** one today. / Let's s**tart**. /

0, 10, 20, 30, 40, 50, 60, 70, 80, 90, 100.

Re**mem**ber when you are **cou**nting, / **do**n't get mixed up between / **16** and **60**. / Sometimes people get this mixed up.

キノコ：the counting pattern ってのは数の数え方のパターンってことね。ふたつずつとかの。
博士：そう。ここでは One more counting pattern だからもうひとつ、10ずつの数え方だ。
キノコ：それを in tens って言うのね。知らなかった。
博士：じゃあふたつずつは？
キノコ：前のページにあったわね。in twos...?
博士：正解。in tens も in twos もそれぞれ「10ごとに」、「2ごとに」と覚えればいいね。
キノコ：don't get mixed up も覚えて使いたい表現だわ。
博士：そうだね。それもいいけど、16と60の違いを聞き取るだけで

Check!

□ ①リスニング　　□ ④シンクロ・リーディング
□ ②マンブリング　□ ⑤プロソディ・シャドーイング
□ ③確認　　　　　□ ⑥コンテンツ・シャドーイング

---

count in tens: 10ずつ数える
get mixed up between 16 and 60: 16と60を混同する

【和訳】
みんなこの数の数え方は覚えることができますね。
もうひとつの数え方をやりましょう。昨日は0から100まで10ずつ数えてみましたね。
それじゃあ、今日もそれをやってみましょう。さあ始めますよ。

0、10、20、30、40、50、60、70、80、90、100

数を数えているときは、16と60をごちゃごちゃにしないこと。
ごちゃごちゃになってしまう人がときどきいますからね。

なく、言えるようにもしたいね。
キノコ：意外にむずかしいのよ。コツを教えて。
博士：例えばsixtyのtyの音に気をつけてごらん。舌で空気を切りながら母音の/i/で終わっているよね。-teenは十分に/i/の長さを取ってみよう。/t/のように息を開放する時に、舌で音を切るように出す音を無声の破裂音って言うんだけど、練習すると息の使い方がうまくなるよ。
キノコ：スーハー、スーハー。
博士：どうしたの？
キノコ：アタシ息の仕方くらい知っているもん。
博士：チガウでしょ。(--;)

Column #03 シャドーイングとその仲間たち── 練習方法の違い

キノコ：シャドーイングの練習でさ、マンブリングからコンテンツ・シャドーイングまでいくつも練習方法があるけれど、それぞれがどのように違うのかしら？　やっぱり全部やらなきゃいけないの？

博士：マンブリング、シンクロ・リーディング、プロソディ・シャドーイング、コンテンツ・シャドーイング、それにリピーティングも併せて表にしてみたよ。プロソディはアクセント・イントネーションといった言葉のメロディ的要素のことだ。

	シャドーイング要素	同時性	声の大小	プロソディの表現	意味への意識
マンブリング	○	○	△	△	△
シンクロ・リーディング		○	○	○	△
プロソディ・シャドーイング	○	○	○	○	△
コンテンツ・シャドーイング	○	○	○・△	○・△	○
センテンス・リピーティング			○	○	○

　マンブリングからコンテンツ・シャドーイングまでそれぞれ部分的に異なっているのがわかるね。この部分の有無・大小で課題としての負担の度合いが違ってくるんだ。

　マンブリングはとにかくシャドーイング的要素が確保されているけれど、声が小さいことでアクセントやイントネーションへの注意を減らすことができる。シンクロはシャドーイング的要素を抜くことでプロソディに注視できる。プロソディ・シャドーイングはシャドーイングだけど、意味への意識を軽くしている。最後のコンテンツ・シャドーイングは意味への注視を含めてすべての要素を持つ。

　このように、段階を踏みながら、リスニングに必要な異なる要素を訓練しているんだ。

Stage 2
Unit 2
相撲と私　スチュワート・アトキン

124wpm

© 2006 Goki

博士： アトキンさんはイギリス出身。もとはラグビーで鳴らしてたんだろうね。表情豊かなとても聞きやすい英語を話してくれる。イギリス英語の持つイントネーションを楽しんでほしいな。

キノコ： スピードはどれくらい？

博士： そうだね、だいたい分速120語から130語くらい。アトキンさんが相撲にどうやって出会ったのか、その魅力について彼の文化の側から考えるとおもしろいね。

相撲との出会い

I first arrived in Ja**p**an a **lo**ng time ago, / in 197**2**, / and, / of **cou**rse, / being a s**por**tsman in **En**gland, / I was very interested in seeing / *sumo*. / Now, I was a **ru**gby player / and a **cri**cket player. / Now **cri**cket / is not a par**ti**cularly **phy**sical sport, / but rugby **is** / — you have to cr**a**sh into your op**po**nents / — so, / of **cou**rse, I wanted to see / this s**po**rt called *sumo*. / I was very **lu**cky because a **Ja**panese fr**ie**nd / t**oo**k me to see an actual **tou**rnament / in Osaka / in 197**3**. / Now that goes back to the **day**s of / Kitano**fu**ji, / and Wajima, / and Daikirin, / and all those st**a**rs of the **pa**st.

キノコ：アトキンさんはイギリス出身なのね。

博士：そう。でもきどった感じの英語ではない。スピードは分速120語くらい。ニュースが160語前後だから、早くはなくて、しかもリズムのいい話し方だね。アトキンさんの話し方のリズムを自分のものにしてもいいかも。シンクロ・リーディングはおすすめ。

キノコ：そのシンクロ・リーディングをして思ったんだけどさ、ラグビーとかクリケットとかが追いつかないのよね。なんかもっとコンパクトに言わなきゃいけない感じ。

博士：そう、その通り。ラ・グ・ビ・ーって日本語だと4文字分の時間がかかるんだけど、英語ではrug-byと2音節で、アクセントは

Check!

□ ①リスニング　　□ ④シンクロ・リーディング
□ ②マンブリング　□ ⑤プロソディ・シャドーイング
□ ③確認　　　　　□ ⑥コンテンツ・シャドーイング

being a sportsman in England = because I was a sportsman in England

not particularly: 特に～なわけではない

physical = rough: 荒っぽい、身体的

crash into... = bump into...: ～にぶつかる

opponent(s): 対戦相手

took me to see: 連れて行って見せてくれた

go back to...: ～までさかのぼる

【和訳】
私が初めて日本を訪れたのはかなり昔のことで、1972年でした。イングランドではスポーツをやってましたので、当然ながら相撲観戦にはかなり興味がありました。ラグビーとクリケットをやってたんです。まあクリケットはそれほど身体的なスポーツではないのですが、ラグビーは違います。相手にぶつかっていかなければいけませんから。そんなわけで、相撲と呼ばれるスポーツを見てみたかったのは言うまでもないことですね。私はとても運がよかったようで、日本人の友だちが1973年の大阪での本場所に連れて行ってくれました。北の富士、輪島、大麒麟を始めとする往年の名力士たちの時代でしたね。

rúgbyのuの一カ所だけ。ラグビみたいな感じだね。
キノコ：何でグが小さいの。
博士：これはね、/g/の後に余計な/u/の音を入れてほしくないから。
キノコ：わかんない。
博士：日本語のグは/gu/でしょ。英語のrugbyは/rʌgbi/で余計な母音が入らないんだ。
キノコ：へえ、確かにgの後に/u/はないわね。クリケットは？
博士：クリケットもそう。ク・リ・ケ・ッ・ト　5文字分もとると日本語英語になっちゃう。発音記号では/kríkit/って書くんだけど、kの後に余計な/u/が入ってないよね。聞いてみて。

Section2 (Track 66)

相撲は娯楽と儀式の融合したもの

Well, I was **very** interested because / I **soon** realised / that I was watching something which was **not** exactly / **jus**t a s**por**t. / This was something **different**. / This was / a combination of enter**tai**nment / and **ri**tual, / and I **thin**k / that is what / att**ra**cts many foreigners to *sumo*. / It has / a lot of **ext**ra **el**ements, / and those elements / are very **cul**tural, / even re**li**gious, / so we have the whole / **ri**tual of throwing **sal**t, / handing over the / **wa**ter of **po**wer / if you win a **bout**, / and **lot**s of things like that. / And / I always say to people who are visiting Ja**pan** for the first time, / "if you go to see a *sumo* tournament, / you **don**'t have to worry **too** much / about the individual **wres**tlers, / or what they're **do**ing, / because you may not know much about them anyway, / but / you should **watch** / the whole **cho**reography / of the event." / And **that**'s what it is: / it's like a **for**m of d**ra**ma going on. / Drama / plus **ba**llet, / because / you can sit there **all** day, / and the **cho**reography will unfold in front of you.

キノコ：ここはちょっと内容がむずかしいわ。相撲のことなのに。

博士：うん、アトキンさんが彼の目から見た相撲の魅力を語ってるんだ。キーワードはね、entertainment、ritual、choreography、cultural、religious。

キノコ：たくさん言えばいいってモンじゃないのよ。あたしがわからないからと思って。

Check!

☐ ①リスニング　　　☐ ④シンクロ・リーディング
☐ ②マンブリング　　☐ ⑤プロソディ・シャドーイング
☐ ③確認　　　　　　☐ ⑥コンテンツ・シャドーイング

not exactly...: 厳密には〜ではない、〜と少し違う

a combination of entertainment and ritual: 娯楽と儀式の融合

extra elements: 付加的な要素

cultural: 文化的な

even religious: 宗教的でさえある

the water of power: 力水

win a bout: 取組で勝つ

individual wrestler: それぞれの力士

choreography: 演技

unfold in front of you: 目の前で展開する

【和訳】

それで、私がすごく興味をひかれたのはなぜかというと、自分が目にしているものが単なるスポーツ以上のものだと、ほどなくして気がついたからです。スポーツとはどこかが違っていました。それは娯楽と儀式の融合だったのです。そして相撲のそういったところが多くの外国人を惹きつけているんだと私は思います。相撲にはたくさんの付加的な要素があり、それはとても文化的で、宗教的なものでさえあります。ですから塩をまいたり、取組に勝てば力水をもらったりといった一通りの儀式があるわけです。ですから、初めて日本を訪れる人には必ずこう言ってあげています。「もし相撲を見に行くなら、それぞれの力士や、彼らが何をやっているかということは、あまり心配しなくてもいい。どうせ力士のことはあまり知らないだろうから。そのかわり、相撲そのものの全体的な動きを見ることだ」と。まさにそういうことなんです。一種の演劇のようなものですよ。演劇にバレエを加えたものですかね。一日中座ってられますし、目の前で演技が始まるのですから。

博士：アトキンさんは相撲の魅力は勝負だけじゃなくて、そこに宗教的 (religious) で、伝統文化、特に厳かな儀式や舞踏のような要素が統合されたものとして考えてるみたいだよ。

キノコ：日本語もワカラナクなってきたわ。

博士：塩をまいたり (throwing salt) 力水をつけたり (handing over the water of power) するのはお清めの意味があるでしょ。我々が当たり前と思ってることに深い意味を見いだしてるんだ。

キノコ：なるほど。相撲がバレエの要素を持ったドラマだなんて考えたことなかった。新しい魅力がunfold されて（開かれて）、というイメージね。

Section3 (Track 67)

力士は決して行司と争わないという不思議

There is one other attraction of *sumo*, / besides what's actually **ha**ppening in the ring, / and **tha**t is / that the **wre**stlers don't **ar**gue / with the refe**ree**. / Now, / as I said, I used to play / c**ri**cket / and the **wor**st thing you can do in c**ri**cket / is to **ar**gue with the **u**mpire. / People say / "**tha**t's not c**ri**cket" / means / "you're not behaving p**ro**perly". / And of course in *sumo*, / or **o**ther martial arts in Japan, / you don't **ar**gue with the referee, and I find that, uh, / very att**ra**ctive.

142

Check!

- ☐ ①リスニング　☐ ④シンクロ・リーディング
- ☐ ②マンブリング　☐ ⑤プロソディ・シャドーイング
- ☐ ③確認　☐ ⑥コンテンツ・シャドーイング

one other = another: もうひとつの

attraction: 魅力

ring: 土俵

that is that...: それは～ということ

referee: 行司（一般的には「審判」）

umpire = referee: 審判

behave properly: 適切に振る舞う

martial art(s): 武道

【和訳】

実際に土俵の上で行われる取組のほかに、相撲にはもうひとつ魅力があります。それは、力士は絶対に行司と言い争ったりしないということです。私がクリケットをやっていたことはお話ししましたが、クリケットにおける最悪の行為は審判と口論することです。英語では「フェアじゃない」という意味で「クリケットじゃない」と言われるほどです。そしてもちろん相撲や日本の他の武道においても、選手が審判と口論するようなことはありません。私にはそのことが、とても魅力的に思えるのです。

キノコ: ここも、相撲の魅力なのね。attraction of sumo って聞こえたわ。

博士: お、だんだんわかってきたね。ここのキーワードは referee、argue だ。日本の武道では審判に文句を言わないところが attractive なんだって。refereeのアクセントに気をつけて。ref-er-eeは３つの音節があるんだけど、一番後ろにアクセントがあるんだ。

キノコ: なるほど、日本語はレフェリーだわ。umpireはアンパイアと似てるわ。

博士: そう、肝心なのは外来語で覚えちゃった日本語の音のイメージに引きずられないこと。そのためにはシンクロ・リーディングやシャドーイングで自分の耳がとらえた音を元にイメージを作っていくんだ。

キノコ: へえ、あたしは自分の耳に自信がないんだけど。

博士: だからこれから作っていくんだよ。

キノコ: 何を？

博士: 音の辞書。キノコはもう何百もの英単語は覚えているけど、ちゃんとした音の辞書ができていない。だから聞いても耳や口が反応しないんだ。聞いて口で言ってみて、少しずつ修整する。そうやって音の辞書を作っていくんだ。そのためのシャドーイング練習のさ。

Self-Check Test

Unit 2の仕上げです。次の英文をシャドーイングしてみましょう。自分の声を録音して、下の　　　　で囲んだ個所が発音できているかどうかをチェックしてみましょう。1問4点です。100点満点で換算して記録してください。下に評価と今後の練習のアドバイスが書いてありますので、参考にしてください。

(Track 66) Well, I was very interested because I soon realised that I was watching something which was not exactly just a sport. This was something different. This was a combination of entertainment and ritual, and I think that is what attracts many foreigners to *sumo*. It has a lot of extra elements, and those elements are very cultural, even religious, so we have the whole ritual of throwing salt, handing over the water of power if you win a bout, and lots of things like that. And I always say to people who are visiting Japan for the first time, "if you go to see a *sumo* tournament, you don't have to worry too much about the individual wrestlers, or what they're doing, because you may not know much about them anyway, but you should watch the whole choreography of the event." And that's what it is: it's like a form of drama going on.

チェックポイント数　　　／25　　　　　　　　　　　　　　点

評価とアドバイス		
レベル3	100〜80	すばらしい！ アトキンさんの英語の特徴がつかめましたね。イギリス的な調子も表現できたらもっとすばらしい。
レベル2	79〜60	インタビューの後半がむずかしいですね。choreography などのむずかしい単語を含んだ文をもう一度チェック。
レベル1	59〜0	アトキンさんが話す相撲について、全体のイメージを和訳で確認しましょう。

Stage 2
Unit 3
私の大切なもの　ソニア・マーシャル

134wpm

アース・セレブレーション2007での
鼓童のパフォーマンス。演目は
Burning。撮影：宮川舞子
©Kitamaesen Co., LTD / KODO.

キノコ：ソニアってアメリカ出身？
博士：そう、英語でわかったかな。ホーガン先生やアトキンさんの英語に比べるといくつもの言葉がつながって聞こえてくるね。それとソニアの話すテンポは少し速め。
キノコ：ありゃま、苦労しそうだわ。スピードってどれくらいなの？
博士：分速120〜150語くらいかな。でも恐るるに足らず。リズムがいいから慣れると大丈夫。シンクロ・リーディングをしっかりしたい。

Section 1　Track 68

ネコ［その1］──捨てネコ・ジジ

Hi, my name is **Sonia**, / and, Sonia **Mar**shall, and I would like to tell you about my **cat**. / Her name is **Gi**gi / and, uh, she's about three and a half years **ol**d. / We **fou**nd her about three years ago, so she was about six months **ol**d / and, uh, / she was just outside of our a**part**ment, / and she was **ve**ry **thi**n / and she **ca**me up to me and / she seemed to want to have a new **ho**me. / So we took her into our **hou**se / and, uh, since then she's been our **pet ca**t, / and she's **no**t thin any more, / and, uh, she's very *genki*, …

キノコ：ここはソニアのネコちゃんのお話なのね。ジジって言ったかしら。
博士：そう。ジジを一生懸命に語るソニアを頭に思い浮かべながら、シャドーイングするといいね。
キノコ：こうやって文を見てみると簡単そうなのに、シャドーイングをしてみるとむずかしいんだけど、なぜかしら。
博士：簡単そうに見えるのは文の構造が単純だからかな。She（ネコ）で始まる文ばかり。
キノコ：じゃあむずかしいのは？　ネコの話ってわかってるし、文は単純なんだし……。
博士：そう。そこがミソかも。ほとんどの文がsheで始まってるんだけど、意外に文と文との間に内容的な関連性が少ないんだ。つまりジジについての話なんだけど、ひとつひとつが年齢だったり、拾った場

Check!

□ ①リスニング　　□ ④シンクロ・リーディング
□ ②マンブリング　□ ⑤プロソディ・シャドーイング
□ ③確認　　　　　□ ⑥コンテンツ・シャドーイング

---

thin: やせた

【和訳】
こんにちは、私はソニア、ソニア・マーシャルです。うちのネコのことをお話ししたいと思います。名前はジジで、それから歳は3歳半くらいです。この子を見つけたのは3年ほど前だから、生後半年くらいのときで、うちのマンションから出てすぐのところにいたんです。すごくやせてて、私のところに近寄ってきたんです。住むところをほしがっている様子でした。それでうちに連れて帰ってあげて、それ以来ペットとして飼ってるんです。もうやせっぽちじゃないし、それにとてもゲンキなんですよ。

所だったり、体重だったり。逆にひとつがわからなかったからといって次がわからないってことにはならないね。
キノコ：なるほど。
博士：人の話には「まとまり」ってのがあるよね。これをcoherenceって言うんだけど、「まとまり」にはしっかりとしたものもあれば、緩やかなものもある。ここでは緩やかなまとまりの中で、ジジの話が進んでいくんだね。リスナーとしては、文の形がよく似ていてリズムがあるから、そのリズムに乗りながら、ジジについてのイメージを作り上げていけばいいと思うよ。
キノコ：*genki*なんておもしろい。thinっていうやせて弱々しいイメージの反対ね。
博士：英語にピッタリくる表現がなかったのかも。キノコも You are *genki*, a super *genki* girl!

Section 2 (Track 69)

ネコ［その2］──うちのネコはテレビが大好き！

I just, uh, / thought I would tell you a little bit about some of her interesting, / characteristics or **habits**. / She's a very playful **cat**, / and she's affectionate, / and sometimes she's a little bit **nau**ghty. / Uh, she has a very st**rong** **will**, / and, if she's sitting in one place / and she's in the **way**, if you try to make her **mo**ve, she sometimes hisses / at you, / but besides that she's (a) very, very **good** **cat**. And, / she **loves** **w**atching television, / especially s**port**s, / **animal** p**rog**rams, / uh, variety **shows**, / sometimes d**ramas**. / She basically watches anything, but she especially likes, uh, p**rog**rams where people are **mo**ving a **lot**, / or with ani-mals, / and I think her favorite **animal** p**rog**rams have **lions** and **tigers**, and big **cats**. / She seems to be very interested in them.

博士：ここは、ペットについて語るのに必要な表現がたくさん出てくるから楽しいよ。どんな表現があった？

キノコ：ええっと。characteristics（特徴）、habits（習性）でしょ。それから playful（よくじゃれて）、naughty（やんちゃ）、strong will は「意思が強い」、ま、悪く言えば「頑固」くらいかしら。なんか人にも使えそう。博士なんかピッタリ。

博士：ボクはネコといっしょかい!!　She hisses at you. なんてキノコみたいだよ。

キノコ：言うわね。いずれにせよ、ここはネコの性質をテーマと考え

Check!

characteristic(s): 特徴
habit(s): 習性、癖
playful: よくじゃれる
affectionate: やさしい
naughty: いたずらな、やんちゃな
will: 意志
she's in the way: （人が通るの
　　に）邪魔になっている
hiss at: （怒って）シューッとう
　　なる

【和訳】
ジジのおもしろい特徴というか習性のようなものを少しお話ししますね。この子はよくじゃれるネコで、愛らしくて、でもときどき少しやんちゃなところも見せます。それととても頑固なので、この子が座っていて邪魔になっているときなんて、どかせようとするとシューッとうなってきたりすることもあるんです。でもそれを別にすれば、本当にとってもいい子なんです。それからテレビを見るのが大好きで、特にスポーツや動物番組やバラエティー番組がお気に入りで、ときどきドラマなんかも見るんです。基本的には何でも見るんですが、人がよく動いたり、動物が出てくるものが特に好きですね。見たところ、一番のお気に入りはライオンやトラ、それに大きなネコが出てくる番組です。すごく興味をもっているみたいなんです。

てイメージをつくっていったらいいのね。
博士：ワン・ポイント。
キノコ：はい？
博士： characteristicsのアクセントは最初のiに、affectionateは、始めのeに強勢があることをリスニングで確認して、シャドーイングするときに意識してみてほしい。basicallyは「基本的に」、especiallyは「特別に」っていう意味で、これはどちらもよく使う副詞だね。シャドーイングするときに、こういった副詞がスラスラと言えるようになると、自分がスピーキングするときにもきっと使えるよ。

Section3 〔Track 70〕

ネコ［その3］──鏡に映った自分に見とれる

Also, uh, she is very **i**nterested in **wa**ter, / which is st**r**ange for a **cat**, I think, / but, uh, whenever I'm brushing my **tee**th, she will jump up on the **sink** / and **wa**tch the **wa**ter, / and, um, / she can just **wa**tch it for a long time. / And, um, another thing she does is she, when she's **bo**red she will look at herself in the **mir**ror for a long time, / but, she doesn't seem **that** interested in the other **cat**, / I don't know, she's just **look**ing and…

Check!

□ ①リスニング　　□ ④シンクロ・リーディング
□ ②マンブリング　□ ⑤プロソディ・シャドーイング
□ ③確認　　　　　□ ⑥コンテンツ・シャドーイング

---

sink: 洗面台
bored: 退屈している
the other cat: （鏡に映っている）
　もう一匹の猫

【和訳】
それから、ネコにしてみると変だと思いますけど、水にもかなり興味があるみたいです。私が歯を磨いているといつも、洗面台に飛び乗って水を見るんです。ずっと見ていることができるみたいですね。それからもうひとつあって、退屈すると鏡に映った自分を長いあいだ見ているんです。でも、鏡に映っているネコにはそれほど興味があるわけではなさそうなんですよね。どうしてだかわからないけど、ただ見てるだけなんです。

キノコ：ジジってほんとうにおもしろいネコだわ。
博士：たとえば？
キノコ：だって、人が歯を磨いてるときに洗面所のシンクに上がってきて、水道の水を眺めてるんだもん。ネコって水には近寄らないんじゃなかったかしら。それに退屈したら鏡に映る自分の姿をながめてるだなんてね。
博士：誰かさんみたい。ところでここも短いけど学びどころは多いよ。
キノコ：ジジの動作を表す表現ね。いっぱい出てくるわね。
jump up on the sink / watch the water / watch it for a long time / look at herself in the mirror / doesn't seem interested in the other cat
　ホントたくさん。これすべて使ってみたいな。
博士：sink を knee に変えたら「ひざの上に飛びのって来る」だし、応用自在。looking at herself in the mirror なんてキノコのための表現みたい。こういった表現は頭でわかっててもなかなか使えないよね。前置詞と組み合わさっているのもあるからね。シャドーイングしてると、イメージの中で何度も運動的に言うから、抵抗なく言えるようになるんだ。
キノコ：それもジジのおかげね。

Section4 (Track 71)

太鼓［その1］──鼓童との出会い

About **six year**s ago I s**t**arted taking **l**essons in *taiko* d**r**umming…, / and it's been a **rea**lly **wo**nderful, um, not just a **ho**bby, but, you know, something more than a **ho**bby in my **l**ife. / And I **fir**st saw *taiko* when I **saw** the group "**Ko**do"— **a**ctually I was in **A**merica at the time /— and when I saw their performance, I was just **so** / **mo**ved and ex**ci**ted, and, um, / the **rh**ythms were so in**f**ectious and / I was just **rea**lly, uh, / **hy**pnotized / by this per**for**mance. / And when you see them **pl**ay, / I think a **l**ot of people just feel like they want to do this / kind of drumming themselves. It looks like so much **fun**, / and, um, / it's **no**t just d**r**umming, it's also almost like **d**ancing or something, and it's— / it's a **ve**ry ex**p**ressive kind of **ar**t form.

キノコ： ソニアは日本で太鼓を習ってるのね？

博士： そうだね。おもしろいのはアトキンさんと共通する部分があって、単にひとつの演奏のジャンルというだけでなくて、そこに表現手段としてもっと大きな魅力を感じているみたいだね。キーワードは、ソニアが太鼓に感じる言葉だ。moved and excited、rhythms were infectious、hypnotized。hypnotizedは催眠術にかけられたイメージだから、ソニアは「鼓童」の演奏の虜になっちゃったんだね。

キノコ： It looks like so much fun… almost like dancingっていうのもあるわ。太鼓ってとても楽しそうね。

博士： そうだね。シンクロ・リーディングやシャドーイングをすると

Check!

□ ①リスニング　　　□ ④シンクロ・リーディング
□ ②マンブリング　　□ ⑤プロソディ・シャドーイング
□ ③確認　　　　　　□ ⑥コンテンツ・シャドーイング

not just...: ただの～ではなく
performance: 演奏
moved: （人が）感動して
infectious: 人にうつる
hypnotized = fascinated: 魅了
　　された
this kind of: このような
It looks like so much fun: と
　　ても楽しそう
expressive: 表現力に優れた
art form: 芸術の形

【和訳】
6年くらい前に太鼓のレッスンを受け始め
たんですが、これが本当に素晴らしいもの
なんです。ただの趣味ではなくて、なんと
いうか、私の人生においてはもっと大きな
ものなんです。初めて太鼓を目にしたのは
「鼓童」というグループを見たときで、私は
当時アメリカにいたんですが、演奏を聞い
たときには、ただもう感動と興奮で、すご
くリズムに乗せられて、もう本当に魅了さ
れました。あの人たちの演奏を聞けば、た
くさんの人が自分でもこのような太鼓をや
ってみたくなると思います。すごく楽しそ
うで、しかも、それはただ太鼓を叩くだけ
ではなくて、踊りと言ってもいいくらいの
もので、表現力に優れたひとつの芸術の形
なんです。

きに、そういう楽しそうなイメージで言葉を出してみよう。
キノコ：その心は？
博士：言葉を自分のモノにする。使えそうな表現はどんど
ん自分のモノにしちゃおう。
キノコ：なるほど。ところで質問なんだけど、drumming がね、ドラ
ミングになっちゃうの。
博士：drumming はね、カタカナにするとドラミングだけど、これは
ヤメたいな。カタカナ読みだと、d と r のあいだに o を入れた発音になっ
ちゃう。純粋な dr をできるだけ短く発音してみよう。短くだよ。結果的
に「ジュラム」に近い音になる。tr、str、dr は短く発音すると英語らしい
音になるよ。

Section5 Track 72

太鼓 [その2] ——太鼓の音は心臓の鼓動に近い

Uh, then I **di**dn't **know** that **a**nybody, / you know, **ju**st people like **me** / could **ta**ke lessons in *taiko* drumming, but when I came to Ja**pa**n, / a friend of mine / was **ta**king **le**ssons, so / I went to **cla**ss one time, and I just kept **go**ing, and, um, / I **rea**lly, / you know, imme**di**ately / really **li**ked it, / and so, / I con**ti**nued to go, / and, uh, the things that I like about it is, um, / well, the, **mu**sically, / it's, uh, / it's **rea**lly / **mo**ving and ex**ci**ting, I think. It makes you feel **ha**ppy, / um, / the sound is close to **na**ture, / I think, / and it's, it's also a very **Ja**panese sound. / And a **lo**t of people say it's, it's like the **hea**rtbeat, / so there's something about it that's very, / um, **hu**man, and very **na**tural, / and I think that's one reason it **mo**ves people so much.

キノコ：博士が言う、イメージとキーワードっていうのちょっとわかった気がする。

博士：??

キノコ：ここではね、music と drumming が話題になってて、ソニアが moving and exciting って言ってるわ。さっきも出てきてた。それに makes you feel happy で close to nature、human, and very natural。なんか全部同じテーマにつながってるのよね。底辺には drumming があるんだ、ここ。

博士：なんと!!

キノコ：あたしも捨てたモンじゃないでしょ。

Check!

- □ ①リスニング
- □ ②マンブリング
- □ ③確認
- □ ④シンクロ・リーディング
- □ ⑤プロソディ・シャドーイング
- □ ⑥コンテンツ・シャドーイング

immediately = very soon: すぐに
musically: 音楽的に
moving:（人を）感動させるような
heartbeat:（心臓の）鼓動
human: 人間らしい
move:（人を）感動させる

【和訳】
私のような普通の人でも太鼓のレッスンが受けられることを当時は知りませんでした。でも日本にやって来てみると、友だちがレッスンを受けていて、私も一度参加させてもらいました。そしてそれから通い続けました。なんというか、一瞬で本当に気に入って、続けているんです。太鼓のどんなところが好きかというと、音楽として、感動させられるし胸がわくわくするところでしょうか。人を元気づける音楽だし、自然にも近い音だと思います。それにとても日本的な音なんですね。また、心臓の鼓動に近いと言う人もたくさんいます。ですから、なんだかとても人間的で自然な感じがして、それが人を感動させる理由になっているんだと思います。

博士：感涙ものだね。今のはリスニングとスピーキングの極意だよ。つまり人が何かの話をするときには、井戸端会議は別にして必ず何らかのテーマがある。それについていろいろな言葉を使いながら、自分ではっきりとした像を作り上げていくんだ。だから、その人が使ういろいろな言葉を手がかりに、ここでは例えばexciting、moving、happy、human、naturalなどから、その人の解釈するイメージを明確にさせていくんだ。
キノコ：そのイメージでシャドーイングしてるうちに、自分でも使えるようになるのね。ちょっとmovingでしょ。
博士：う、感動。

Self-Check Test

Unit 3の仕上げです。次の英文をシャドーイングしてみましょう。自分の声を録音して、下の　　　で囲んだ個所が発音できているかどうかをチェックしてみましょう。1問4点です。100点満点で換算して記録してください。下に評価と今後の練習のアドバイスが書いてありますので、参考にしてください。

> (Track 71) About six years ago I started taking lessons in *taiko* drumming…and it's been a really wonderful, um, not just a hobby, but you know, something more than a hobby in my life. And I first saw *taiko* when I saw the group "Kodo"— actually I was in America at the time — and when I saw their performance, I was just so moved and excited, and, um, the rhythms were so infectious and I was just really, uh, hypnotized by this performance. And when you see them play, I think a lot of people just feel like they want to do this kind of drumming themselves. It looks like so much fun, and, um, it's not just drumming, it's also almost like dancing or something, and it's— it's a very expressive kind of art form.
>
> チェックポイント数　　　／25　　　　　＿＿＿＿点

評価とアドバイス

レベル3	100～80	ソニアがときどき言葉を切るときにum, uh というfillerが入ります。それまで言っちゃいましょう。
レベル2	79～60	ソニアが太鼓の魅力を表現してるというのを具体的にイメージしながらやると個々の語が出てきやすくなると思います。
レベル1	59～0	結構速いですね。しかも中盤で太鼓の魅力を語るところがむずかしい。シンクロ・リーディングで読むリズムをつかみましょう。

Unit 4

自然と私 デイヴィッド・ファラ

93wpm

キノコ：ファラさんの英語って、とてもゆっくりと慎重に言葉を選んでる感じね。いいわ。

博士：ファラさんは詩人で大学の先生でもある。自然を愛していて、神戸では六甲山の麓の緑一杯の中に住んでいる。スピードで言うとね、分速70–90語くらいだから、とてもゆっくり。間をおいて、自分の考えやイメージに沿う言葉を選びながら話す様子が聞いてて伝わってくる。でも、ゆっくりだからといって内容が簡単な訳じゃないよ。ファラさんのインタビューはシャドーイング練習にもってこい。キノコはファンになっちゃうんじゃないかなあ。

キノコ：もうなってるかも。

Section 1 (Track 73)

オハイオの自然について［その1］

Ah, **yes**, we were **tal**king about, / um, **Ohi**o weather, / and I guess I was **thi**nking about that because, / um, / it was **snow**ing a little to**day** in Ja**pan**, in Kobe, / and / I often / think about the **di**fferences between the weather here and there because, um, / while we have to deal with **ear**thquakes here, we don't have to deal with / b**li**zzards or torna**does** / so often, / and even / se**vere thu**nderstorms are / very rare here compared to / Ohio. / Um, and I have very st**rong me**mories of / **thu**nderstorms / in Ohio because they **literally** / shake the house, / and as a **chi**ld that's quite f**ri**ghtening / so you find places to **hi**de / in your **hou**se. /

★オハイオ州

オハイオ州にあるクヤホガ・バレー国立公園

Check!

□ ①リスニング　　□ ④シンクロ・リーディング
□ ②マンブリング　□ ⑤プロソディ・シャドーイング
□ ③確認　　　　　□ ⑥コンテンツ・シャドーイング

difference(s) between A and B: AとBの違い
deal with...: ～に対処する
blizzard(s): 猛吹雪
tornado(es): 竜巻
thunderstorm(s): 激しい雷雨
literally: 文字通り

【和訳】
ええ、はい、私たちが話していたのはオハイオの気候についてで、どうしてそのことを考えていたのかというと、今日は日本の神戸で雪が少し降っていたからでしょうね。それに私はよくこっちの気候と向こうの気候の違いについて考えることがあって、というのも、こっちでは地震に対処しないといけないけど、それほど頻繁には猛吹雪や竜巻には対処しなくていいし、それに激しい雷雨にしても、オハイオに比べればこっちではとても少ないからです。オハイオでの雷雨はとても強く印象に残っているんです。というのも、文字通り家を揺らすほどのものなんです。それは子どもにとってもすごく恐ろしいことで、家の中で隠れられる場所を探すんです。

博士: ファラさんは詩人で、アメリカはオハイオ州出身。
キノコ: ゆっくりしゃべってらしてほのぼのとした感じ。
博士: 話すスピードは分速90語くらい。これをシャドーイングするには、ファラさんになるのが一番いい。
キノコ: どういうこと？
博士: オハイオでとんでもなく大きな tornado や thunderstorm にふるえていたファラさんの子どもの頃に、自分の子どもの頃を重ねてみるんだ。そうすると難しそうな気象用語も、小さい頃のなつかしい思い出とくっついて、全体のイメージが捉えやすくなるよ。
キノコ: 全体のイメージね。でもブリザードとか慣れない単語が多くて。
博士: そう。リスニングでは特に全体のイメージが大切。一語一語を聞きながら、全体のイメージへと結びつけていく。わからない気象用語は我慢せずに日本語を読んでしっかりイメージを作っておくこと。
キノコ: そう言われて日本語を読むと、神戸で雪がちらつくのを見て、オハイオの子どもの頃のことを思い出していらしたのがわかるわ。ステキ、急にわかってきた！　イメージね、イメージ。

オハイオの自然について［その2］

And many times each **season**, / um, there are tor**na**do warnings, / so we **do** have to go hide in the **ba**sement when those things / are an**nou**nced. / And, / uh, all of those— **do**ing all of those things, um, remains st**ro**ng in my mind, / **a**ctually, / and they're t**ri**ggered / when I'm **here**— I mean it **cou**ld be a case, / I **gue**ss, of— of **ho**mesickness in some ways, / but I think it's just nos**ta**lgia / and **me**mory, **a**ctually / — um, when I see a few flakes of s**now** here / or I hear / a **thu**nderclap, / you know, and then I remi**ni**sce about / what I ex**pe**rienced as a **chi**ld back in Ohio.

キノコ：tornado warningsって簡単に言うけど、想像してみるとゾッとするわね。

博士：あ、それ、チェック、チェーック！

キノコ：何よ、いきなり大きな声で。warnings（ワーニングズ）がどうかしたの？

博士：音をよく聞いてごらん。ワーニングなんてファラさんは言ってないでしょ。シンクロ・リーディングをするときはテキストを見て読むんだけど、テキストのスペリングに引きずられちゃいけないよ。テキストにどんな音がはまるのかを気をつけて追わなくちゃ。

キノコ：はーい、ふんふん、そういえば、ウォーニングズって言って

warning(s): 警告
basement: 地下室
those things (warnings) are announced: 警報が出される
trigger: 呼び起こす
a case of...: 〜の一例
homesickness: ホームシック
nostalgia: 郷愁
flakes of snow: 雪片
thunderclap: 雷鳴
reminisce about: 〜の思い出にふける

【和訳】
それから各季節ごとに何度も竜巻警報が出されるので、そのときは地下室に行って隠れないといけません。それで、そういったことをした記憶が実は強く心に残っていて、それがこっちにいるときに呼び起されることがあります。まあ、ある意味、ホームシックの例なのかもしれませんが、実際はただの郷愁とか思い出にすぎないのだろうと思います。こっちで雪がちらちら舞うのを目にしたり、雷鳴を聞いたりすると、子どものころにオハイオで体験した思い出にふけってしまうんです。

るわね。tornadoって二重母音の/ei/がはっきり入ってるのね。triggerは第1アクセントがかなり強く出てるわ。
博士： そうそう、そんな感じ。ここは意味も大切だ。ファラさんが小さい頃、家を揺るがすような大きな雷鳴におびえて隠れたり、竜巻の警報で地下に隠れたりした、そういった経験が、日本で雪を見たり、雷鳴を聞いたりすると懐かしさを伴った思い出として、蘇ってくるんだね。日本にいてもオハイオの天候は空間と時間を超えて蘇っているのかも。
キノコ： なんか、素敵。

布引の滝との出会い［その１］

And so after, / having / lived **here** and **there** / in **Kobe** / after the earthquake, / I've— I **did** finally **find** / a **place**, a **room**, um, / that **see**med to be **part** of my **des**tiny, in a way. / It's **real**ly a little **shack**, / it's a **room** in a *bunkajyutaku* / and when I **first** went and **look**ed at it I de**cid**ed it was too **terrible** / to **live** in, / uh, but, um, then I began **walk**ing ar**ound** / the **area** in which it's **located** / and it's in the Nunobiki **Falls** area, / and if you've been there, you know that, / there are some **monuments** / along the **hik**ing **paths**, / and on **tho**— those **monuments** / are inscribed some **an**cient *waka*, / and when I **lear**ned that, I thought, "Oh, **this** is, / you know, **this** is the place where I should **be**, / uh, somehow," / because I hadn't known of Nunobiki be**fore**, when I was at *Shoin*, actually, / so it was all **new** to me.

布引きの滝

Check!

□ ①リスニング　　□ ④シンクロ・リーディング
□ ②マンブリング　□ ⑤プロソディ・シャドーイング
□ ③確認　　　　　□ ⑥コンテンツ・シャドーイング

destiny: 運命
shack: 掘っ立て小屋
terrible: 酷い
located = situated: ある、位置
　　する
Nunobiki Falls: 布引の滝
monument(s): 記念碑
hiking path(s): 散策路
inscribe: 刻む
**on those monuments are
　　inscribed some ancient
　　waka = some ancient
　　waka are inscribed on
　　those monuments**（倒置）
Shoin: 神戸松蔭女子学院大学

【和訳】
震災の後、神戸のあちこちに住んでみて、私はようやく、ある意味で運命と感じられるような場所、というか部屋を見つけました。本当に小さな掘っ立て小屋のような部屋で、文化住宅の一室でした。初めて訪れて見てみたときは、酷い状態でとても住めないと思いましたが、その部屋のあるあたりを歩き回ってみると、そこは布引の滝のある地域だったんです。行ってみるとわかりますが、散策路にそって記念碑があって、それらには昔の和歌が刻まれています。それに気づいたとき、こう思ったんです。「ああ、どうやらここが私のいるべき場所なんだ」と。松蔭にいたころは、実は布引のことを知らなかったので、なにもかもがとても新鮮な感じでした。

キノコ：ここはどんなイメージで聞けばいいの？
博士：そうだね。ここは聞き方というより、ファラさんの神戸での家探しの遍歴について説明を補足しておいたほうがいいかもしれない。ファラさんは震災直後に神戸に来たために having lived here and there って言うように、家探しで苦労したんだ。で、ある時に新神戸駅の山側にある布引の家を紹介された。ずいぶんひどい家だと思ったんだけど、散策してみると家のそばに歌碑がいくつかあったんだ。六甲山を背景として自然がいっぱいで、古い和歌を刻んだ歌碑があって。そういうところに詩人として運命的なもの（part of my destiny）を感じたんだろうね。

Section4 (Track 76)

布引の滝との出会い［その２］

So the **fa**lls were **very i**nteresting, / and **are** interesting, / and the i**dea** of having **po**etry / **ju**st outside my **door** / was and is **i**nteresting / as **we**ll. / Um, so that— **tha**t **rea**lly, / attracted me to the p**la**ce / and I became quite— quite at**ta**ched to it, / and have remained quite at**ta**ched to it, / and it **ha**s really ins**pire**d me over the years. / Um, / so I was able to exp**lore** the *waka* / that's on the **mo**numents,/ and through ex**te**nsion, / you know, explore *haiku* as well, / and do some **rea**ding, uh, that I would not have **do**ne otherwise, …

博士：実は、ファラさんは、後に歌碑に刻まれている（inscribed）歌を集めて英語訳を載せて本も出してるんだ。家ではなくてむしろ自然の中に身を置くことに、ファラさんはより強く意味を見いだしているんだろうね。ファラさんは、attracted（魅了されて）、attached（惹きつけられて）、inspired（気持ちをかき立てられて）っていうふうに、自分と住む場所とが強く結び合わされていることを思わせる言葉を使っている。ここはひとつ自然と強く結ばれた詩人の心を思いながらシャドーイングをやってみよう。

Check!

- [ ] ①リスニング
- [ ] ④シンクロ・リーディング
- [ ] ②マンブリング
- [ ] ⑤プロソディ・シャドーイング
- [ ] ③確認
- [ ] ⑥コンテンツ・シャドーイング

poetry: 詩
attached to...: ～に愛着を持って
　　いる
inspire: ～に影響を与える、（主語
　　から）着想を得る
explore: 探究する、深く味合う
through extension: その延長で
otherwise: もしそうでなければ

【和訳】
滝には当時も今も非常に興味を引かれるし、それに自分の家を出てすぐのところに歌碑があるということも、当時と変わらずおもしろいと感じます。ですから私は本当にこの地に魅了され、離れられなくなり、今も居付いているんです。それに何年間ものあいだ、この地から着想を得ています。ええと、記念碑の和歌を深く味わえたし、その延長で俳句やそれに関する読書もできました。こんなことがなければ、することもなかったようなことです。

デイビッド・ファラ（David Farrah）先生について

　ファラさんはインタビューでも述べられているとおり、オハイオ州出身の詩人で、現在、神戸市外国語大学で教えておられます。僕はとても文学に理解が及んでいるものではありませんが、先生とのインタビューでは、響き合いに似たことばのやりとりの中から新たな思考が次から次へと紡がれていくような瞬間があり、気がついたら2時間が過ぎていました。インタビューしながら、とても楽しく豊かな時間を過ごさせていただきました。
　ファラさんの英語はとてもゆっくりしていて一般のアメリカ人の英語とはいくぶん違った印象を持ちます。しかし、ゆっくりとしたリズムから流れてくる吟味されたファラさんの言葉は、シンプルで飾りがなく、それでいて深い響きを持っているように感じられます。
　ファラさんの詩は、自然の情景をとらえて自身の心象を重ね合わせているようなスタイルで、飾らない表現の背景に、清新で水をたたえたような深い世界の広がりを感じさせてくれます。訳をつける勇気はありませんが、ひとつ鳥の詩をご紹介しましょう。キビタキの鳴き声が林の中から響いてくるようです。（p.176の写真参照）

Narcissus Flycatcher （キビタキ）

The bird comes close
and on its wing I see
a pattern of life
that corresponds to me

Sing out little bird
it's as simple as this
poem, song to pattern
accompanies bliss

Self-Check Test

Unit 4の仕上げです。次の英文をシャドーイングしてみましょう。自分の声を録音して、下の　　　　で囲んだ個所が発音できているかどうかをチェックしてみましょう。1問4点です。100点満点で換算して記録してください。下に評価と今後の練習のアドバイスが書いてありますので、参考にしてください。

(**Track 75**) And so after, having lived here and there in Kobe after the earthquake, I've— I did finally find a place, a room, um, that seemed to be part of my destiny, in a way. It's really a little shack, it's a room in a *bunka-jyutaku* and when I first went and looked at it I decided it was too terrible to live in, uh, but, um, then I began walking around the area in which it's located and it's in the Nunobiki Falls area, and if you've been there, you know that there are some monuments along the hiking paths, and on tho— those monuments are inscribed some ancient *waka*, and when I learned that, I thought, "Oh, this is, you know, this is the place where I should be, uh, somehow," because I hadn't known of Nunobiki before, when I was at *Shoin*, actually, so it was all new to me.

チェックポイント数　　／25　　　　　　　　　＿＿＿点

評価とアドバイス		
レベル3	100〜80	シャドーイングは大丈夫ですね。後半のファラさんが家の周りに歌碑を見つけて喜ぶ部分のイメージを作りましょう。
レベル2	79〜60	シンクロでファラさんの話すイントネーションを自分のモノにしましょう。あとちょっと。
レベル1	59〜0	waka は和歌。ファラさんが自然を愛する詩人であるということを念頭においてシャドーイングしましょう。

Stage3

さまざまな「なま素材」に挑戦！

Stage 3の素材と到達目標について

多様な英語、スピード、内容の変化に対応

　Stage 3のテーマは「多様な英語、スピード、内容の変化への対応」です。最後の仕上げということで、さまざまな話題、さまざまな英語、遅いものから速いもの、モノローグからVOAのリスニングまで、バラエティに富んだ素材をラインアップしました。今までに培ったシャドーイング技術がどれだけ通用するかを、いろいろな教材にチャレンジすることで試してみましょう。多様な英語をシャドーイングすることでみなさんそれぞれの得意分野や苦手なところ、今後取り組んだらいいと思われるところが見えてくるでしょう。そういう意味でStage 3はこれまでの総仕上げであると同時に、これからの課題チェックでもあるのです。

　Stage 3の目安は次のとおりです。

金　シャドーイングで80％以上の再生率
　多様な教材にも柔軟に対応してシャドーイングできるようになっています。どんどんと新しい教材にチャレンジしていってください。映画などもよいでしょうし、ニュースでは衛星放送のシャドーイングなどにも挑戦しましょう。

銀　シャドーイングで60％以上の再生率
　教材によってはむずかしく感じるものがあるでしょうか。それが内容的な意味のむずかしさによるものなのか、英語のスピードによるものなのか、自分の口の動きのせいなのかを考えてみましょう。あと一歩ですからがんばりましょう。

銅　シャドーイングで60％未満の再生率
　シャドーイングがむずかしい場合は、まずゆっくりとした教材を聞きましょう。口の動きの負担を減らすと、耳が英語をきちんと捉えてくれるようになります。それからシンクロ・リーディングで口のスムーズな動きを確保します。他の教材はできなくても、今練習中の教材だけで十分。一点主義で練習するのもひとつの方法です。シンクロ・リーディングは3回をひとつの目安として、やっては聞いて、やっては聞いてを繰り返してみてください。必ずシャドーイングできるようになりますよ。大丈夫。

Unit 1

イヌとネコについて ソニア・マーシャル

137wpm

キノコ： あら、ここは博士がインタビューしてるんじゃない。自分の英語について解説したんさい。

博士： ムム、痛いところをつく。ま、そこはリスナーに任せることにして……。

キノコ： 悪くないわよ。博士のちょっととぼけた感じ。

博士： 言ったね。でもソニアとの犬猫ペット談義はおもしろかったよ。あ、ネコってそうだったんだとわかったし。ネコはなつかないんじゃなくて、自分が快適であることを優先してるだけなんだって。

キノコ： ソニアと博士のペット談義をお楽しみください。

イヌは気持ちに応えてくれるけど……

Tamai: You know, **do**gs are **al**ways a friendly presence to **us**. / The **cat** / sometimes, or often, be**tray**s our expec**ta**tion, / our af**fe**ction, something…

Sonia: Right, / right. /

T: …and that may set, uh, some **di**stance / between us. /

S: So **may**be, in some ways, / I think **do**gs are easier to under**sta**nd because, uh, / I think, um, / **well**, I think **both do**gs and **cat**s / try to do whatever makes them feel **hap**py, / but maybe the **thi**ngs that make them **hap**py are **di**fferent sometimes. / Like, I think **do**gs, / what makes a **dog hap**py **often** is to please its **ow**ner / or, you know, / to **plea**se people / and to get af**fe**ction from people, / um, so…

T: So they are more res**po**nsive…

S: Maybe.

T: …to, to, to our emotion, to our feelings. / That may be because, / I mean, that may be why we feel so **clo**ser / to **do**gs.

S: So maybe for human beings, / a **dog**'s behavior / is a little bit closer to what we think of as a **hu**man's behavior, / I don't **know**.

キノコ：博士、緊張してない？
博士：う、言うんでない。さあ解説を始めます。ここはね、 what makes... happy（～を幸せにする）の練習ができる。まず、what makes... happy にアンダーラインをしてごらん。3カ所あるね。これは一見やさしそうだけれども日本語話者にはなかなか理解しづらい表現だ。シャドーイングしながら、あ、こういう風に使うんだという感覚で理解してほしい。最初はとらえら

Check!

betray our expectation: 期待
　を裏切る
affection: 愛情
responsive: よく反応する
emotion: 感情
behavior: 行動

【和訳】
T: イヌっていうのはいつだって人間に対して友好的なものだよね。でもネコのほうはときどき、というより結構こっちの期待とか愛情だとかを裏切るけど。
S: そうね。
T: そのせいでちょっと距離を感じたりもするよね。
S: たぶん、いくつかの点で、イヌのほうが理解しやすいんだと思う。イヌもネコも、自分たちを楽しくさせることなら何でもしようとするわけだけど、その楽しくさせることっていうのがときどき違うのよ。イヌについて言えば、飼い主を喜ばせることとか、人を喜ばせてかわいがってもらうことが楽しいことなんだと思うわ。だから……
T: だからイヌはちゃんと応える……
S: たぶん。
T: こっちの感情とか気持ちとかに。だからかな、だからイヌにはあんなに親近感を覚えるのかもしれない。
S: たぶん人間にとっては、ネコよりイヌの行動のほうが、私たちが考える人間の行動に近いってことよ。たぶんね。

れなくてもやってるうちに、わかるようになるから。
キノコ：博士、What makes you happy?
博士：いきなり、なんやのん。Probably a glass of whiskey at a bar.
キノコ：博士、最後のほうでto を3回も言ってるけど、あれは何なの？
博士：えらいツッコミだね。後の言葉を探してたのさ。でも、よく見て。前の、more responsiveから続いてるんだよ。イヌは我々の感情や気持ちに、ネコよりもよく反応してくれると言いたくて。
キノコ：へえ、一応それなりにちゃんとしたことしゃべってたんだ。

Section2 Track 78

ネコは気分よくいられるのが好き

S: I think **ba**sically cats like to avoid / un**plea**sant situations, / and they like to be **co**mfortable, / and they **al**so like to be around **peo**ple, but maybe, / um, / sometimes being around people, / or, m— **plea**sing people / is not the **fir**st priority, / maybe. / Maybe sometimes with a **do**g that's the **fir**st priority. / Uh, / but they, they like to be / **co**mfortable, I think, is one thing, / and so if you notice, a cat will move around the a**par**tment and follow the **su**nshine / ...uh, during the day, because they like to be **war**m and slee**p** in the **su**nshine. / So maybe if a **per**son is not near the **su**nshine, / maybe they won't **go** near the person... / but if you are / the place, in the place that they want to be, / they will **co**me and be fr**ie**ndly to you. / I don't think that they're being unfriendly, I just think that they have certain priorities. /
T: Right, / and when they take the priority / in staying in the **su**nshine, / the **hu**man's not part of the priority, / we are **ou**tside their interest...
S: Well, / maybe not, **no**t at that moment, no. / But human beings are the **sa**me, I think. / Human beings **do**n't always, uh, / put other people **fir**st, you know, / and, uh, so, / I think, / um, maybe **ca**ts / are a l— **ca**ts are more like some people and **do**gs are more like **o**ther people, maybe.

キノコ： priority ってたくさん出てくる。ネコは自分の心地よさを優先させてるっていうのね。take the first priority って決まったフレーズ？
博士： そうだよ。固そうな表現だけど、便利だよ。発音とアクセントに注意。第一音節の母音は/ai/、アクセントは第二音節。ほかにも pleasant とかややこしい単語が多いけど、こういうのは、

avoid unpleasant situations:
　いやな状況をさける
comfortable: 気分よくいる
first priority: 一番の優先事項
sunshine: ひなた
interest: 興味、関心
put... first: 〜を一番に考える

【和訳】
S: ネコは基本的に嫌だと感じる状況を避け、気分よくいるのが好きなんだと思う。人間といっしょにいるのも好きなんだけど、人間といっしょにいること、というか、人間を喜ばせることが一番の優先事項じゃないときもあるのね。イヌにしてみれば、たぶんそれが一番の優先事項なわけだけど。ネコは気分よくいるのが好き、ということがあって、見てると気づくでしょうけど、部屋中を動き回って日なたにいようとするの。昼間はね。日なたで暖かくして眠るのが好きだから。だから、もし人が日なたにいなければ、たぶん近寄ってこないのよ。でも、もしネコがいたい場所にいれば、近寄ってきて親しげなしぐさを見せてくれるわ。猫はそっけなくしてるってわけじゃないと思うの。ただ自分たちの優先事項があるっていうだけよ。
T: そうか、じゃあ日なたにいることが猫の優先事項になった場合、その中に人間は含まれないわけで、僕らには興味を示さなくなるのか。
S: うん、たぶん、そのときはそうね。でも人間だって同じじゃない。人間だっていつも他人のことを一番に考えるわけじゃないし、そうでしょ。だから、ネコみたいな人もいれば、イヌみたいな人もいると思うの。

unのあるなしで、意味的に対になってる語が多い。pleasantとunpleasantとか、friendlyとunfriendlyとかね。意味さえわかれば一気に全部わかっちゃう。
キノコ：うまいこと言うわね。ところでmore likeって？
博士：「どっちかって言うと〜に似てる」みたいな感じ。I'm more like a dog, and you are more like a cat. ってね。

Self-Check Test

Unit 1 の仕上げです。次の英文をシャドーイングしてみましょう。自分の声を録音して、下の　　　で囲んだ個所が発音できているかどうかをチェックしてみましょう。1 問 4 点です。100 点満点で換算して記録してください。下に評価と今後の練習のアドバイスが書いてありますので、参考にしてください。

(Track 78) I think basically cats like to avoid unpleasant situations, and they like to be comfortable, and they also like to be around people, but maybe, um, sometimes being around people, or, m— pleasing people is not the first priority, maybe. Maybe sometimes with a dog that's the first priority. Uh, but they, they like to be comfortable, I think, is one thing, and so if you notice, a cat will move around the apartment and follow the sunshine... uh, during the day, because they like to be warm and sleep in the sunshine. So maybe if a person is not near the sunshine, maybe they won't go near the person...but if you are the place, in the place that they want to be, they will come and be friendly to you. I don't think that they're being unfriendly, I just think that they have certain priorities.

チェックポイント数　　／25　　　　　　　　　　　　　点

評価とアドバイス

レベル4	100〜80	なかなかやりますね。もうソニアの英語はバッチリ。
レベル3	60〜79	いい感じです。結構速いので遅れるところを重点的に。
レベル2	40〜59	ネコとイヌの対比という図式を頭に置きましょう。friendly、unfriendly、priority を含む文をシンクロ・リーディング。
レベル1	39〜0	和訳で意味を再チェック。言いにくい単語はどれでしょう。シンクロ・リーディングを5回ほどやってみましょう。変わるはず。

Unit 2

自然と詩と デイヴィッド・ファラ

93wpm

キノコ： ここも博士がファラさんにインタビューしてるの？
博士： そう。ファラさんの詩作における鳥の意味や、自然とファラさんとの関わりについてとても興味深い内容が語られているよ。いいインタビューだった。スピードは分速100語前後。全体がゆっくりというよりも、間が多いっていう感じ。一度にたくさんの言葉が出るわけではないからついていきやすいと思う。でも内容がファラさんの詩と自然観についてだから、内容理解が大切。

詩作にとっての鳥 [その1]

Farrah: Well, you ask about **bir**ds, / uh, in my **wri**ting, / in particular, / and / if they're sym**bo**lic of something, / and, um... / they **may** be, / in **ter**ms of **re**presenting **na**ture / itself, / but in **fact**, / I... what word can I use? / Um, / I would say they're somehow es**sen**tial / to my under**stan**ding of my— / my pl**ace** in the world. / Um, / when I was / in **gra**duate school— / it's— it's **fun**ny that you bring up **bir**ds actually, / because in **gra**duate school, / um, / there was a group of us **gra**duate students who would meet on **Sun**day mornings / and discuss our **wor**k over / **brea**kfast, / and I re**mem**ber, / **wha**t was her name? / Her name was **Li**ly, / and I re**mem**ber her **tur**ning to me and **say**ing / very di**rec**tly, / one Sunday morning, she said, / "Your **po**ems have too many **bir**ds / in them."

p.165で紹介したファラさんの詩のタイトルにもなったキビタキ（Narcissus Flycatcher）

Check!

- □ ①リスニング
- □ ②マンブリング
- □ ③確認
- □ ④シンクロ・リーディング
- □ ⑤プロソディ・シャドーイング
- □ ⑥コンテンツ・シャドーイング

in particular = particularly: 特に

symbolic of: ～を象徴している

represent...: ～を象徴する

in fact: 実のところ

essential; 欠かせない

graduate school: 大学院

bring up...: （話題）を持ち出す

discuss...: ～について意見を交わす

over breakfast: 朝食を食べながら

turn to...: ～のほうを向く

【和訳】

ファラ：鳥のことをお尋ねでしたけど、特に私の文章のなかで、鳥たちが何かを象徴しているとすれば、そうですね、自然そのものを象徴しているのかもしれません。でも実のところ、どう言えばいいでしょうね。自分がこの世界のどこにいるのかということを理解するには、なぜか鳥たちが欠かせないものになる、とでも言えるでしょうか。大学院にいたころ——あなたが鳥の話を持ち出すなんてまったく不思議なことですけど——というのは、大学院には院生のグループがあって、日曜の朝に集まって、朝食を食べながら自分たちの作品について意見を交わしたりしていたんですが、思い出すのが、あの子の名前はなんだったかな、リリーですね、それで思い出すのが、ある日曜日にその子が私のほうを向いて、ズバリこう言ってきたんです。「あなたの詩には鳥が出てきすぎよ」って。（笑う）

キノコ：出たわね、Birds。博士、ファラさんに何を聞いたの？

博士：うん。「ファラさんの詩には鳥がよく出てくるから、何かシンボリック（symbolic）な意味があるんですか」って。そしたら昔大学院のときに、「鳥が多すぎるわよ」って指摘した友だちがいたんだって。

キノコ：へー、あ、それがLilyさんね。それでそれで。

博士：後は自分で聞きなさい。でもね、ファラさんにとって鳥とは自然を象徴するもので、自分自身の世界観、あるいは世界の中の自分の存在を語る上でも欠かせないessentialなものみたい。

キノコ：ひょっとして、自分を鳥に重ねあわせてるのかしら。

博士：そんな気もする。ここのテンポはゆっくりだけど、ファラさんが言葉を探しながら話す様子や昔を思い出しながらしゃべってる様子がわかる。そういう感覚をシャドーイングで体感してほしい。

キノコ：アタシもちょっとファラさんみたいに詩人になっちゃうかも。

177

Section2 (Track 80)

詩作にとっての鳥［その2］

F: So I **thou**ght about that, / and I de**ci**ded that I— / I **dis**agreed, um, / because, uh, / I **don**'t think the **wor**ld can have too many **bir**ds in it, / and, um, I— as I **sai**d, I think they're just / **ess**ential to my under**sta**nding / the **wor**ld and my place **in** it, / because I— / I **hear bir**ds every morning / and / when I have looked at a**part**ments, / uh, for living in, / um, / I've— I've re**jec**ted a**part**ments on the **ba**sis that I cannot hear **bir**ds / in the morning, / because my— I think my life would be quite **em**pty / without that **mu**sic, / and / it's a**no**ther **lan**guage, of course. / It's— / it's not my **E**nglish language, / but… /

T: Language of **na**ture?

F: It's a— **yes**, e**xac**tly. / It's a **lan**guage of **na**ture, / and as a **kid**, of course I knew **Oh**io birds / and I knew their **so**ngs, / and / that was— / that was just somehow re**qui**red **know**ledge, / you know? / Um, / and then I came to **Ja**pan and / **star**ted living in Nunobiki, / and I did **not** know / the **so**ngs, / you know?

キノコ：ファラさんがdiagreeしたのって、Lilyさんの指摘に対して？

博士：そう。2行目がおもしろいね。鳥ってどんなにいても多すぎるってことないって。essentianl to my understanding the worldなんだ。そうそう、understandingも使ってほしい表現。これ一語でかなり表現力が増すよ。My understanding about… is ~. っていうふうに。

キノコ：誰か、You are essential to my understanding of the world. って言ってくれないかしら。

Check!

□ ①リスニング　　　□ ④シンクロ・リーディング
□ ②マンブリング　　□ ⑤プロソディ・シャドーイング
□ ③確認　　　　　　□ ⑥コンテンツ・シャドーイング

---

disagree: 賛成できない
reject...: 断る
on the basis that...: ～という
　理由で
required = essential: 不可欠の

【和訳】
ファラ: そう言われた私はそのことについて考えてみて、その意見には賛成できないと思いました。どうしてかというと、私はこの世界に鳥が多すぎるなんてことがありえるとは思わないし、この世界と自分の居場所を理解するには鳥たちがどうしても欠かせない存在だからです。なぜなら私は毎朝鳥の声を聞くし、部屋を借りようとアパートの下見をしたときも、朝に鳥の声が聞こえないという理由で断ったアパートがいくつもありました。それというのも、あの鳥の声がかなでる音楽がなければ私の毎日はひどく空虚なものになってしまうし、鳥の声はもうひとつの言葉ですからね。私の英語とは違うものですが……
玉井: 自然の言葉ということですか？
ファラ: それは、そう、そのとおりです。それは自然の言葉であって、私は子どもの頃には当然、オハイオの鳥たちもそのさえずりもわかっていたんですが、それってどうも不可欠な知識だったんですよ、そうでしょう？　それから日本に来て布引に住み始めたわけですけど、鳥のさえずりが理解できませんでしたからね。

博士: ハイ、次。家探すときに鳥の声が聞こえないからって断ったってのもおもしろい。でないと生活がempty（空虚）なものになっちゃうって。
　キノコ: 本当。声がちょっと遠いけど、相の手を入れてるの博士ね。
博士: うん、ここでlanguage of natureって言ったのにファラさんが飛びついて、オハイオの鳥の鳴き声は知ってたけど、神戸の布引の鳥の鳴き声はまた新しい言語だったって。彼にとって鳥の声は単なるさえずりじゃなくて自然が届けてくれる声なのかもしれない。

日本の自然のもつ言葉について

F: Well their songs, the **bir**ds' **so**ngs are **di**fferent and the **bir**ds are somewhat **di**fferent, / so I had to u— / I had to learn this— / this / **la**nguage of / Japanese nature, / you know, that was still **na**ture, / um, but it was **di**fferent from what I grew **u**p with. / So, uh, / I had to learn the, / um, *uguisu* song, you know, / and even that **so**ng is / **di**fferent depending upon the time of **year**; you know, the same **bir**d can have a **di**fferent **so**ng. / Um, it's **no**t just limited, I **gue**ss, to **bir**ds, / but, / um, / ci**ca**das— / the *semi*— / and **all** of those things. / So as someone who's **in**terested, / and de**pe**nds on nature, / um, / that— / **tha**t was a **who**le new oppor**tu**nity, when I came to Japan; I mean, / it was **rea**lly ex**ci**ting that there was all this new **la**nguage / to learn about, / and I'm still **lear**ning, of **cour**se, / um, / and **for**tunately I live in a place where I **ca**n learn. / And it's not only the **sou**nds in the morning, but / it's also **see**ing— / being able to **see** / the **bir**ds, / and to try to i**de**ntify them, / um, / and when that be**gi**ns to happen— you know, that identifi**ca**tion / takes **pla**ce / — um, / the connection **dee**pens / of course.

キノコ：博士、ここではファラさんの言葉に learn ってい
うのが多いけど、何を学ぶの？

博士：お、いいところに気がついたね。ここでの学びはフ
ァラさんにとっての新しい language だね。でもよく聞い
てみると、人の言葉じゃなくて自然の持つ言葉。

キノコ：自然の持つ言葉。なるほど、それが鳥のさえずりなのね。ウ
グイスの鳴き声とか。

博士：そう、しかも季節で鳴き方が変わるらしい。それに鳥だけじゃ
ないみたい。蝉も。

Check!

□ ①リスニング　　□ ④シンクロ・リーディング
□ ②マンブリング　□ ⑤プロソディ・シャドーイング
□ ③確認　　　　　□ ⑥コンテンツ・シャドーイング

depending upon (on): ～によって、応じて
limited to...: ～に限られる
cicada(s): セミ
depend on: ～に頼る
fortunately: 幸いなことに
identify: 特定する
identification: identify の名詞形
take place = happen

【和訳】
ファラ：日本での鳥たちの鳴き声は違っていて、鳥の種類もいくらか違うので、私はこの日本の自然のもつ言葉を学ぶ必要がありました。つまり、同じ自然は自然でも、私の育った場所の自然とは違っていたんです。それで、ウグイスの鳴き声を学ばないといけなくなったんですが、さらにその鳴き声は季節によって異なっていて、同じ鳥なのに別の鳴き声をもっているというわけなんです。それは鳥だけに限らないようで、セミだとか、そういったものはみんなそうなんですよ。ですから、自然に興味を持ち、自然に依存している私としては、日本に来てまったく新たな機会を得られたといえます。つまり、学ぶべきこの新しい言葉があるというのは本当にわくわくすることでした。それにもちろん今でも学び続けていますし、幸いなことに、私はそれができる場所に住んでいます。さらに、朝にさえずりを聞くだけではなくて、見ること、つまり鳥たちの姿を目にすることもできるので、さえずりが始まるとどの鳥が鳴いているのか見極めようとすることもあります。そうやって見極めようとすることで、当然、親近感も深まっていきます。

キノコ：うーん、おもしろいわ。ファラさんは自然に近いところで生活して、自然の中で聞こえてくるさまざまな音を、自然の中で交わされる「ことば」として聞こうとしてるのね。
博士：うん、そうだと思う。ここはね、使われている単語はそれほどむずかしくない。でも聞くときに、ファラさんの自然へのスタンス、自然の声とそれを理解しようとする姿勢を思いながらシャドーイングしてみよう。こういう全体的な概念のイメージを通訳者の清水陽子さんは「意味の風景」と言っているよ。

Self-Check Test

Unit 2の仕上げです。次の英文をシャドーイングしてみましょう。自分の声を録音して、下の □ で囲んだ個所が発音できているかどうかをチェックしてみましょう。1問4点です。100点満点で換算して記録してください。下に評価と今後の練習のアドバイスが書いてありますので、参考にしてください。

Track 81 Well their songs, the birds' songs are different and the birds are somewhat different, so I had to u— I had to learn this— this language of Japanese nature, you know, that was still nature, um, but it was different from what I grew up with. So, uh, I had to learn the, um, *uguisu* song, you know, and even that song is different depending upon the time of year; you know, the same bird can have a different song. Um, it's not just limited, I guess, to birds, but, um, cicadas— the *semi*— and all of those things. So as someone who's interested, and depends on nature, um, that— that was a whole new opportunity, when I came to Japan; I mean, it was really exciting that there was all this new language to learn about, and I'm still learning, of course, um, and fortunately I live in a place where I can learn.

チェックポイント数 ／25 ＿＿＿＿点

評価とアドバイス

レベル4	100〜80	ファラさんになったつもりで、六甲山の自然に囲まれたイメージを持ちつつシャドーイングしてみましょう。
レベル3	79〜60	ファラさんの英語はゆっくりなりにスピードの変化があります。その変化に注意。
レベル2	59〜40	ファラさんの語りについての全体的なイメージを持ちつつ、シンクロで言葉を口に馴染ませましょう。
レベル1	39〜0	和訳と英文でファラさんの自然観についてのイメージをまず作りましょう。自分なりのもので結構です。

182

Unit 3

忙しい夏休み キム・フォーサイス

153wpm

キノコ：ここはキムの夏休みね。

博士：そう、キムは6歳の女の子を持つお母さんで、お嬢さんとのとても忙しくて豪華な夏休みの計画について話してる。キムの英語はアメリカ英語。スピードは150語くらいで速めだけど、響きは女性らしいなめらかさがあって、とても素直な英語。内容がわかって、リズムになれると十分ついていけるようになる。彼女のイントネーションをシャドーイングで表現してみてほしい。

キノコ：ガッテン。

Section 1 (Track 82)

休んでなんかいられない！

Well, summer is actually very busy for me. / Uh, I have a six and a half year-old daughter who just finished kindergarten in June because she goes to an international school. / And international schools have holidays for / almost three months— from mid-June to the end of August. / So actually it's, I think actually it's **too long** / to have a holiday— I like the Japanese or the European system better, I think. Nearly three months holiday is too young (long) for little kids to keep them busy. / But anyway, my daughter will be going to a variety of summer camps and gymnastic camps right here in Tokyo.

キノコ：博士、ここ速すぎない？　もうレロレロ状態。一体どれくらいのスピードなの？

博士：そうくると思った。ここはちょっと手強い。スピードは分速150語くらい。

キノコ：それってCNNとかのニュースぐらいじゃなかった？

博士：それに近い。

キノコ：ゲゲ。今のあたしにそんなの無理。どうしたらいいの。

博士：恐れることはない。ここは41秒だから一度スピード・リーディングをやってみよう。

キノコ：スピード・リーディングって？

Check!

- □ ①リスニング
- □ ②マンブリング
- □ ③確認
- □ ④シンクロ・リーディング
- □ ⑤プロソディ・シャドーイング
- □ ⑥コンテンツ・シャドーイング

kindergarten: 幼稚園

a variety of = various: いろいろな

keep them busy = find plenty of things to do: やることをたくさん見つける

young: long の言い間違いと思われる。

【和訳】

まあ、私にとって夏は実際とても忙しいのよ。6歳半になる娘がいるんだけど、6月で幼稚園が終わったばかりなの。というのも、娘が通っているのはインターナショナル・スクールで、休みは約3カ月、6月の中旬から8月の終わりまでだから。そんなわけで実際のところ、休みとしては長すぎると思ってしまう。日本やヨーロッパのシステムのほうが私は好き。だって3カ月も休みがあると、小さい子たちには長すぎてすることがなくなってしまうから。それでもまあ、娘はここ東京で、サマーキャンプやスポーツキャンプなどにいろいろと参加する予定なの。

博士: 最初の Well から最後の Tokyo まで、このセクションの英文を全速力で声に出して読んで、どれくらいで読めるか測ってみよう。41秒で読めることを目標にする。ダメでも練習していると速くなるよ。

キノコ: 発音は？　絶対メタメタになると思うけど。

博士: スピードに挑戦するときには、発音のことは気にしないでいい。物理的に言えるかどうかだけを挑戦のターゲットにしよう。練習はね、全体の意味をまず頭に入れてシンクロ・リーディングを重ねる。テーマは？

キノコ: お嬢さんの夏休み、ほかにはインターナショナル・スクール。うーん、キムがお母さんだってことかな。

Section2 Track 83

ヨーロッパをあっちこっち

All of them unfortunately are **in**ter**na**tional, so she doesn't need to speak **Ja**panese. /

Uh, and **then** we'll be going on a trip in **Eu**rope. / Uh, we're going to go to **Eng**land, / to **Lon**don, / to **Pa**ris in **Fr**ance, and then in the **south-west** of France / and then over to the French Alps, / and then up to **Bel**gium to visit my **hu**sband's high school **fr**iend...

キノコ：ちょっとさ、最初聞いてただけじゃよくわからないから、先に日本語訳読んじゃったんだけどさ、なんか内容すごくない？　もう、ついて行けない。

博士：???

キノコ：だって東京でいろんなキャンプ行って、それ全部英語でさ、それからヨーロッパでしょ。ロンドン、パリ、アルプス、おまけにベルギーだなんて。そんな夏休みあったんだ？　信じられない。あたしなんて頭にヨーロッパの地図さえ浮かばないのに。

博士：なるほど、ひがんでるんだ。今キノコが言った地図ってのはとても大切なことだね。

キノコ：グス、はっきり言うわね。大切ってどういうこと？

博士：当たり前かもしれないけど、英語はもともと北米やヨーロッパ圏、オーストラリアを中心に拡がった言葉だよね。今はグローバル言

□ ①リスニング　　　□ ④シンクロ・リーディング
□ ②マンブリング　　□ ⑤プロソディ・シャドーイング
□ ③確認　　　　　　□ ⑥コンテンツ・シャドーイング

unfortunately: 残念なことに
go on a trip: 旅行に行く
Belgium: ベルギー

【和訳】
　残念なことに、すべて国際的なキャンプだから、娘は日本語を話す必要がないの。
　ああ、それからヨーロッパ旅行に行くのよ。えっと、イギリスのロンドンを訪れ、それからフランスのパリに、そこから南西地方に向かいフランスアルプスに、そして北上してベルギーで夫の高校時代の友人を訪ねる予定。

語だけど。日本語話者のキノコが東京や大阪の位置や距離感を当然のことと思っているように、いわゆる西洋の都市について知っておくことがリスニングのとても大きな助けになるってこと。
キノコ：そういえばロンドン、パリってわかるけどsouth-west of Franceなんてわかんない。ベルギーってどこ。ニューヨークとワシントンってどっちが北？　きゃ、調べなきゃ。
博士：最後にコンテンツ・シャドーイングする時のためのアドバイス。前置詞のinとtoに注目しよう。まずin Europeで大きくエリア指定、それからto England、特にto London、それからto Paris、次に南の in the south-west of Franceを周って、over to the French Alps, and then up to Belgiumで北上。頭の中で場所をイメージしながらシャドーイングできたら最高。

187

Self-Check Test

Unit 3の仕上げです。次の英文をシャドーイングしてみましょう。自分の声を録音して、下の　　　　で囲んだ個所が発音できているかどうかをチェックしてみましょう。1問4点です。100点満点で換算して記録してください。下に評価と今後の練習のアドバイスが書いてありますので、参考にしてください。

(Track 82) Well, summer is actually very busy for me. Uh, I have a six and a half year-old daughter who just finished kindergarten in June because she goes to an international school. And international schools have holidays for almost three months— from mid-June to the end of August. So actually it's, I think actually it's too long to have a holiday— I like the Japanese or the European system better, I think. Nearly, three months holiday is too young (long) for little kids to keep them busy. But anyway, my daughter will be going to a variety of summer camps and gymnastic camps right here in Tokyo.

チェックポイント数　　／25　　　　　　　　＿＿＿＿＿点

評価とアドバイス

レベル4	**100～80**	ここは前置詞に注目。すべて言うつもりで挑戦！
レベル3	**79～60**	キムの流れるようなリズムに乗りましょう。FranceとFrenchを混同しないように。
レベル2	**59～30**	フランスを中心にヨーロッパ各地を旅行するというイメージを持ってシャドーイング。
レベル1	**29～0**	キムは結構速いですが単語はそれほどむずかしいものはありません。シンクロで何度もスピード勝負。

Unit 4

VOA Learning English

109 wpm

キノコ：ここではどんなことを勉強するのかしら。
博士：VOA というアメリカ政府の運営する外国向けに作られた放送プログラムから題材を取ってみた。
キノコ：VOA って？
博士：VOA は Voice of America の略称で、元々は太平洋戦争（1941-1945）中にスタートしたアメリカ合衆国の対外戦略放送なんだけど、よく言えばアメリカ合衆国という国の文化や言語を海外の人々によく理解してもらおうという宣伝目的で作られた番組と言える。特に英語学習プログラムは充実していて VOA を聞いて英語力をつけた日本人は多いよ。
キノコ：へぇー、面白そう。
博士：特に発話のスピードが抑えられていて、ノン・ネイティブにも聞きやすくて分かりやすい説明になっているんだ。
キノコ：話すスピードに配慮されてるってのは私向きかも。
博士：そう。ここでは文法と発音をテーマにした講師の話を聞いてみよう。

Section 1 (Track 84)

噂話の定義とは？

F: **Hi**, John! What's on your mind today?

J: I was talking with some of my friends yesterday, / and of course Billy started to gossip.

F: I know Billy. He is always gossiping.

J: Whether we like it or not, / gossip is something that comes up in everyday speaking. So, / we should explore some of the points of connection / between grammar and gossip.

F: Let's start with some definitions.

J: Gossip is information about the personal lives / and behavior of other people. The information can be / either correct or incorrect.

F: Many people have a bad opinion of gossip. But the reality is / that most people engage in gossip from time to time.

キノコ：Section 1 と 2 では、「噂話と文法」がテーマなのよね。でも噂話と文法って、結びつかないんだけど。

博士：いいところを聞くね。そこが John の言う points of connection だよ。ここでの文法は、噂話という日常生活でつい何気なくしている会話形態の中で、例えばどんな文法が特徴的に働いているんだろう、というテーマを取り上げている。

キノコ：どういうこと？

Check!

- □ ①リスニング
- □ ②マンブリング
- □ ③確認
- □ ④シンクロ・リーディング
- □ ⑤プロソディ・シャドーイング
- □ ⑥コンテンツ・シャドーイング

be on one's mind:（何かが）気にかかっている、心配事がある。have... in one's mind なら「考えがある、（何かを）考えている」という意味になる。

gossip:（動詞）噂をする、（名詞）噂、噂話

gossiping:（動名詞）噂をすること

points of connection: 接続点、結び合うところ

personal lives: 個人的生活

behavior of other people: 他の人々の行為、言動

from time to time: 時々

【和訳】

F：やあ、ジョン！　今日は何を考えてるの？

J：昨日、友達と話してたら、やっぱりビリーがゴシップを言い出したんだ。

F：ビリーなら知ってるよ。彼はいつもゴシップばかり言っている。

J：好むと好まざるとにかかわらず、ゴシップは日常会話につきものなんだ。だから、文法とゴシップの関連性を探ってみよう。

F：まずは定義から。

J：ゴシップとは、他人の個人的な生活や行動についての情報です。その情報は正しいこともあれば正しくないこともあります。

F：多くの人がゴシップに対して悪いイメージを持っています。でも現実には、たいていの人は時々ゴシップを口にするものです。

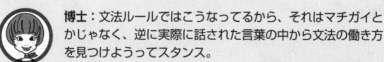

博士：文法ルールではこうなってるから、それはマチガイとかじゃなく、逆に実際に話された言葉の中から文法の働き方を見つけようってスタンス。

キノコ：そうか、初めに文法ありきじゃないんだ。話されてる言葉の中から文法的特徴を見つけるって楽しそう。じゃあ、噂話するときに使われる文法ってどんなのかしら。

Section 2 **Track 85**

噂話するときによく使う動詞とは？

J: English speakers commonly use a few verbs when gossiping. These verbs often connect with senses / such as hearing and seeing. For example:

F: I heard that Tom got into trouble.

F: Sally said / she saw the police arrest him!

J: Note that our example used the verb hear and the verb see. Both of these verbs / were in their past forms.

F: Also note / that the speaker is telling information / about Tom's life and possible behavior. The speaker did not actually experience the events. And that's everyday grammar TV.

博士：ここでは英語話者が噂話をするとき、どんな風に言ってるのか、その特徴を文法に関係づけながら具体的に教えてくれる。John と Faith の指摘する噂話の文法的ポイントは 2 つ。1 つは、噂話は「見たわよ」「聞いたよ」「言ってた」とか人の知覚に関わる動詞が使われるってこと。もう 1 つは、動詞は過去形になってるってこと。

キノコ：なるほど、そうよね。人から聞いた話をまた誰かに言うんだから使う動詞は過去形ね。I heard... や She saw... とか。

博士：そう、事実を基にした噂話は過去形で語られるってことだ。

キノコ：博士、I heard you were in the bar last night. Who were

Check!

□ ①リスニング　　□ ④シンクロ・リーディング
□ ②マンブリング　□ ⑤プロソディ・シャドーイング
□ ③確認　　　　　□ ⑥コンテンツ・シャドーイング

---

verbs: 動詞

when gossiping: when (they are) gossiping と考える、噂をしているとき

connect with... : 〜に関係する

senses: 知覚、感覚（ここでは人の知覚に関わる動詞として hear と see が紹介されている）

get into trouble: 面倒なことになる、 トラブってしまう

arrest: 逮捕する

note: （ここは動詞）注意する

note that... : 〜ということに注意してください （人に注意を喚起して考えるべき点を言うときに便利な表現）

both of... : 〜は両方とも

past forms: 過去形

events: 出来事、起こったこと

【和訳】

J：英語話者が噂話をするときによく使う動詞がいくつかあります。これらの動詞は多くの場合、「聞く」「見る」といった感覚と結びつきます。例えば……。

F：Tom がトラブルに巻き込まれたって聞いたよ。

F：Sally は警察が彼を逮捕するのを見たと言った！

J：私たちの例では、hear と see という動詞が使われていることに注意してください。これらの動詞はどちらも過去形でした。

F：また話し手は Tom の生活や、可能性のある行動についての情報を話していることにも注意してください。話し手は実際にその出来事を経験したわけではありません。「エブリデー・グラマー TV」でした。

---

you with?（昨夜バーにいたと聞いたわよ。誰と一緒だったの？）

博士： ありゃ、見られてたか。I was with an old friend of mine.（旧友と一緒だったんだ）。でもキノコ、うまく言ったねぇ。

キノコ： もちろん。あたし噂話大好きなんだもん。

博士： やれやれ。ここの英語のスピードは 90 語から 100 語くらい。John と Faith はふたりとも英語教師だから発音も丁寧で聞き取りやすい。キノコも先生になったつもりでシャドーイングしてみよう。

キノコ： ガッテン！

Section3 (Track 86)

シャドーイングとは？

J: Hello, I'm John Russel. I like to compare microscopes and telescopes / to pronunciation. Microscopes are used to look at a very small items / that are very close. Telescopes are used to look at large objects / that are far away. How does this connect with language? Many of the videos in this series / have taken the microscope approach to language. The small details of individual consonants and vowels. But we can also look at the bigger picture, / language from a distance. One way of doing this / is called shadowing. Shadowing involves listening to the rhythm and stress of a language / and repeating it. You do not pay attention to the individual words. Instead, you pay attention to the large voice movements / within the sentence.

キノコ：John は発音の学習にシャドーイングがいいって言ってるの？

博士：そう。シャドーイングは聞いた言葉をくり返して言うリスニング訓練法だけど、発音訓練にも使えると言うんだね。リスニングでのシャドーイングの効果は主に4つだったね。①くり返せる言葉が増えると意味把握のための情報が増えて理解がより正確になる。②英語を物理的に話せるスピードがアップする。③イントネーション、強弱、リズムなど言葉のプロソディを捉える力がよくなって理解力と表現力がアップする。④集中力をもって英語音声を聞くことができるようになる。John は発音練習でのシャドーイング効果を言ってる

Check!

- ☐ ①リスニング
- ☐ ②マンブリング
- ☐ ③確認
- ☐ ④シンクロ・リーディング
- ☐ ⑤プロソディ・シャドーイング
- ☐ ⑥コンテンツ・シャドーイング

---

compare A to B: A を B に例える

microscope: 顕微鏡

telescope: 望遠鏡

individual: 個々の

consonant: 子音

vowel: 母音

language from a distance: 遠くから見た言語の姿

involve: 含む、伴う

pay attention to... : 〜に注意を払う

individual words: 個々の単語

large voice movement: 大きな（ざっくりとした）声の動き（プロソディックな音声的特徴を指す）

【和訳】

J：こんにちは、ジョン・ラッセルです。顕微鏡と望遠鏡を発音にたとえてみたいと思います。顕微鏡はとても小さなものを見るのに使います。望遠鏡は遠くにある大きなものを見るのに使います。これは言語とどうつながるのでしょう？　このシリーズのビデオの多くは、言語に対する顕微鏡のアプローチを取っています。個々の子音や母音の細かい部分です。しかし、私たちはより大きな絵、遠くから言語を見ることもできます。その方法の１つがシャドーイングです。シャドーイングでは、言語のリズムとストレスに耳を傾け、それをくり返します。個々の単語には注意を払いません。その代わりに、文の中の大きな声の動きに注意を払うのです。

んだけど、上の４つと重なるのはどこだろう？

キノコ：３番目かしら。言葉のリズムと強弱を聞いてくり返すと言ってる。

博士：そう。John は、文を聞いて発話された言葉を一語一語正確に発音することに注意を払うより、まずは大きくイントネーションやリズムを捉えてくり返すことが大切だと言ってる。

キノコ：じゃあイントネーションやリズムのような音声的な流れが、離れたところから望遠鏡で眺める大きな天体ってことなのね。

博士：その通り。

Section4 (Track 87)

シャドーイングのやり方とは？

J: Here's an example. Imagine you hear the following. "I love learning. I love learning." When I shadow, / I make my voice go up and down / to copy the sentence. But I do not worry about individual words. Listen again / to the sentence.

I love learning.

Here is shadowing. "Hm hm hm, Hm hm hm," "I love learning." You can take this idea / and use it to shadow any kind of sentence. You can listen to the news, a movie and a news broadcast, / and shadow a sentence. You can then shadow a couple sentences. Shadowing is useful, fun way to work on pronunciation / and develop a feel / for American English. That's all for today. Keep up the good work.

キノコ：I love learning と聞いても "Hm hm hm" と言うだけで、一つ一つの単語としては発音していないけど、どうしてかしら。

博士：発音練習にも色々な方法があって、注目すべき点も異なる。John が言うのは、一つ一つの音や語の正確な発音ではなく、文のイントネーションやリズムといったプロソディックな特徴をつかむことが大切で、それにシャドーイングが有効な練習になると言ってるんだね。

キノコ：あたしは [l]ー[r]の区別とか単語の細かいところまでちゃんとしなきゃと思ってんだけど、まずは全体の音の流れに目を向けよって

Check!

□ ①リスニング　　□ ④シンクロ・リーディング
□ ②マンブリング　□ ⑤プロソディ・シャドーイング
□ ③確認　　　　　□ ⑥コンテンツ・シャドーイング

imagine: 〜を想像する

copy the sentence: 文を復唱する

individual word: 個々の単語

shadow: シャドーする（聞いた音声をくり返すこと。shadowが動詞として使われていることに注意）

news broadcast: ニュース放送

a couple sentences: 2つ、3つの文（a couple of sentences と同意）

fun way: 楽しいやり方

pronunciation: 発音

feel: 感覚

That's all for today: 今日はこれで終わりです（授業などの終わりに締めくくりとして使われる表現）

【和訳】

J：例を挙げましょう。次のように聞いたとします。「私は学ぶことが大好きです。私は学ぶことが大好きです」。シャドーイングをするときは声に抑揚をつけて文を復唱します。しかし、個々の単語は気にしません。もう一度文を聞いてください。

「私は学ぶことが大好きです」。

これがシャドーイングです。"Hm hm hm, Hm hm hm"、"I love learning."。このアイデアを、どんな文のシャドーイングにも使うことができます。ニュース、映画、ニュース放送を聞いて、文を1つシャドーイングすることができます。次に2つ、3つの文をシャドーイングすることができます。シャドーイングは、発音を練習したり、アメリカ英語の感覚を養ったりするのに便利で楽しい方法です。今日は以上です。これからもがんばってください。

こと？

博士：そう。もしキノコが何の言語知識もなくI love learning を聞いたとしたら "Hm hm hm" に近い言語音声を返すだろう。それが英語のプロソディックな音の流れで、入力音声の基本部分ということだ。聞いた瞬間頭にあるのはプロソディックな音声情報で、それが音韻・文法・語彙・語用・文脈等の知識で解きほどかれるわけさ。

キノコ：そうなんだ。リスニングと発音は表裏一体、将を射んと欲すれば馬（プロソディ）を射よってことね。

博士：？？？

Self-Check Test

Unit 4の仕上げです。次の英文をシャドーイングしてみましょう。自分の声を録音して、下の　　　で囲んだ個所が発音できているかどうかをチェックしてみましょう。1問4点です。100点満点で換算して記録してください。下に評価と今後の練習のアドバイスが書いてありますので、参考にしてください。

(Track 85) **F:** Hi, John! What's on your mind today?

J: I was talking with some of my friends yesterday, and of course Billy started to gossip.

F: I know Billy. He is always gossiping.

J: Whether we like it or not, gossip is something that comes up in everyday speaking.
So, we should explore some of the points of connection between grammar and gossip.

F: Let's start with some definitions.

J: Gossip is the information about personal lives and behavior of other people. The information can be either correct or incorrect.

F: Many people have a bad opinion of gossip. But the reality is that most people engage in gossip from time to time.

チェックポイント数　　／25　　　　　　　　　点

評価とアドバイス

レベル4	**100～80**	よくガンバリました。えらい！ 強くは発音されない機能語まで注意を向けてくり返せるといいですね（名詞や動詞のような自身に意味を持つ語を内容語、前置詞・冠詞などのように文法的な役割を持つけれどそれほどの意味は持たない語を機能語と言います）
レベル3	**79～60**	ゴシップの定義に関わる部分はいかがでしたか。ちょっと学問的な表現にも慣れていきたいものです。
レベル2	**59～40**	噂話について言語教育の先生が解説する会話文なので少しアカデミックな感じがあります。シンクロ・リーディングでそうした会話に求められる物理的な口の動きに慣れましょう。
レベル1	**39～0**	様々な語彙を含む文に戸惑っていませんか。まず和訳で全体の意味を今一度頭に入れましょう。次に単語の読み方を確認し、Johnの言うプロソディックな流れに乗って音読してみましょう。

Unit 5

「ハリー・ポッター」について
クリストファー・ベルトン

121wpm

キノコ：ベルトンさんのインタビューって久しぶり。

博士：ベルトンさん自身が小説家で、これまでにいくつも評価の高い作品を書いてるんだ。あわせてハリー・ポッターの解説本の著者としても有名。今回はハリー・ポッターの創作上の秘密についてベルトンさんが語ってくれる。

キノコ：へえー、今解き明かされるハリポタ大ヒットの秘密ね。

博士：そう、スピードは120語くらいのイギリス英語。これ以上の素材はないくらい。僕はベルトンさんの話し方って魅力的だと思うなあ。

キノコ：始まり、始まりー。

なぜこれほどのベストセラーになったのか？

The fact that it actually became a bestseller in other cultures as well / was extremely astonishing. / I could understand why English children would love the books so much / but why was it so popular in other countries of the world? / It really is very, very difficult to explain this / and any author would love to know the, uh, the cause themselves, / but basically I believe that the books provide dreams for people. / Harry Potter himself was an ordinary child. / There was nothing special about him / apart from the fact / that he'd been involved in an incident / soon after he was born. / Apart from that he was totally normal / in every other aspect, / so many people can relate / to this ty— type of child. / He wasn't particularly handsome, / he wasn't particularly strong, / and he wore glasses. But, / uh, he managed to get himself mixed up / in a world that was full of magic, mystery and intrigue.

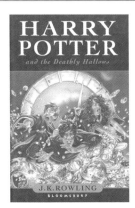
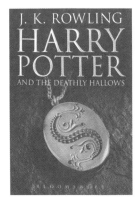

2007年に刊行されたシリーズ最終巻 Harry Potter and the Deathly Hallows。左から米国版、英国版、英国版アダルト向け表紙。

□ ①リスニング　　　□ ④シンクロ・リーディング
□ ②マンブリング　　□ ⑤プロソディ・シャドーイング
□ ③確認　　　　　　□ ⑥コンテンツ・シャドーイング

astonishing = surprising:
　驚くべき
explain: 説明する
author: 著者、作家
basically: 要するに
provide もの for 人: 人にもの
　を与える
apart from…: 〜を除けば
involved in…: 〜に巻き込まれ
　る
relate to…: 〜に共感する
manage to do: なんとか〜す
　る
intrigue: 陰謀

【和訳】
ハリー・ポッターが他の国々でもベストセラーに
なったということは大変驚くべきことでした。イ
ギリスの子どもたちがこのシリーズを好きになる
のは理解できますが、なぜ他の国々でもそんなに
人気が出たのでしょうか？　これを説明するのは
とてもむずかしくて、作家なら誰でも理由が知り
たいところです。でも、要は人々に夢を与えてく
れるからということだと思います。ハリー・ポッ
ター自身は平凡な子どもで、特別なところなど何
もありません。生まれてすぐにある出来事に遭遇
したということを除けば、あらゆる点でまったく
普通なので、多くの人々が彼のような子どもに共
感を覚えるわけです。とりわけハンサムでもなく、
強くもなく、おまけにメガネをかけていますから。
しかしハリーは、魔法や神秘や陰謀に満ちあふれ
た世界へ、自ら進んで身を置き、そして馴染むこ
とができました。

キノコ：ベルトンさんは、『ハリー・ポッターが英語
　　　で楽しく読める本』っていう、ハリポタの解説本のシ
　　　リーズを書いてるのよね。
博士：そうだよ。ハリー・ポッターには、魔法使い
　　　の世界の特別な言葉やイギリスという文化的背景を
前提とした表現などが目白押しだからね。日本の読者の痒いところに
手が届く優れ本だよ。
キノコ：ここは、そんなハリポタを知り尽くした人が語るハリー・ポ
ッターの人気の秘密なのね？
博士：そのとおり。でも、そこは小説家なら誰でも知りたいことなん
だと断った上で、dreams を与えてくれるところだと言うんだ。英語
も聞きやすい。ちょっと下町っぽい彼のイギリス英語は、王室のよう
な英語よりやわらかい感じで日本語話者にも聞きやすいはず。ベルト
ンさんの英語を自分のモノにするつもりでシャドーイング！

Section2 Track 89

登場人物自体に魔力がないのが魅力

I think the main **pu**ll, at least the main att**ra**ction of the **Ha**rry **Po**tter series, / is the **fa**ct that the people themselves are not **ma**gic. / The things that **are** magic are the **too**ls or the **i**mplements that they use. / So, if a **wi**zard does not have his **ma**gic **wa**nd / then he's unable to perform any **ma**gic. / **Al**so, the **too**ls / are extr**e**mely well thought out, / for exam-ple the invisi**bi**lity cloak. / In many, uh, / **fa**ntasy or **wi**tch-craft stories, / uh, I think it's quite often **co**mmon for the **cha**racters to be able to be**co**me in**vi**sible at will, / whereas in the **Ha**rry **Po**tter series, / they have to use **too**ls in order to, uh, e**na**ble this / and an invisibility **clo**ak was the **per**-fect **a**nswer to the **pro**blem of how to be**co**me invisible.

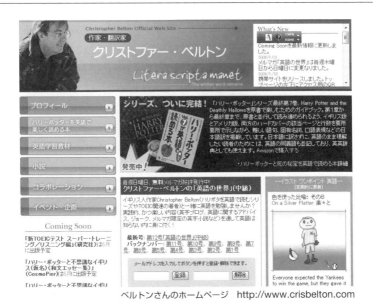

ベルトンさんのホームページ　http://www.crisbelton.com

□ ①リスニング　　□ ④シンクロ・リーディング
□ ②マンブリング　□ ⑤プロソディ・シャドーイング
□ ③確認　　　　　□ ⑥コンテンツ・シャドーイング

---

pull = attraction: 魅力
magic:（形）魔法の力を持っている
implement(s): 器具
wizard: 魔法使い
well thought-out: よく考えられた
invisibility cloak: 透明マント
　　invisibility は **invisible**（目に見えない）の名詞形
witchcraft: 魔法
common: 一般的

【和訳】
「ハリー・ポッター」シリーズが人々を引き付ける理由というか、少なくともその魅力は、登場人物自体は魔法の力を持っているわけではないというところだと思うんです。魔法の力を持っているのは彼らが使う道具や器具であって、魔法使いも魔法の杖を持っていなければ、魔法を使うことはできません。また、その道具がものすごくよく考えられているんです。「透明マント」なんてその典型です。普通、ファンタジーや魔法の話では、登場人物が思いのままに姿を消せることが多いんですが、ハリー・ポッターでは、道具を使わないとそういうことができないので、姿を消すためには、透明マントが必要になるわけです。

博士：ベルトンさん、言葉の使い方が巧み。
キノコ：え、どこどこ。
博士：このインタビューでベルトンさんは、ローリングの登場人物の設定や魔法をかけるための道具、物語の構想力にとてもすばらしい工夫があると言うんだけど、その中でここは道具についてのお話。3行目のmagicは魔法と引っかけて、物語を魅力的に見せるすごいものっていうような意味で使ってる。
キノコ：ややこしいと思ったら、随所に魔法関係の言葉が……。ざっと挙げてもwizardでしょ、magic wand、perform magic、invisibility cloak、witchcraft stories。
博士：普段聞き慣れない単語は意味がとりにくいね。逆にシンクロ・リーディングでそういった言葉をしっかり口に馴染ませよう。visible（見える）にinをつけたのがinvisible（見えない）だね。僕もinvisibleになりたい。

Section3 (Track 90)

J.K.ローリングの技のすごさ

I think one of the most amazing things of the entire series / was the anticipation that it built up / as the series moved towards the climax in volume seven. / When volume seven was finally published, / the excitement throughout the world could be felt everywhere, / particularly amongst children. / I received my own copy / on the day that it was actually published / and I read it within approximately eighteen hours. / When I finished reading the book, / I sat back with my mouth open, completely amazed at the amazing way she had, she being J.K. Rowling, had managed to tie all of the loose ends up together / to complete the final series. / Admittedly there are a few sad parts within the story, / but I think / the, um, the way that she had actually managed to maintain continuity throughout / and the fact that she'd managed to finish the series without too much damage to, uh, the overall world of Harry Potter / was a very clever thing to do.

キノコ：ゲ、聞いても何言ってんだか、よくわかんない。
博士：ここを聞くときのポイントは、英語の音の特徴ではないね。内容、特にベルトンさんが同じ小説家の視点からハリー・ポッターを評価しているということなんだ。つまりハリポタのストーリーそのものよりも、どうやって作者であるJ. K. Rowlingが、第7巻（volume seven）であの壮大な物語を完結させるか、その一点に絞って読んだんだね。

Check!

☐ ①リスニング ☐ ④シンクロ・リーディング
☐ ②マンブリング ☐ ⑤プロソディ・シャドーイング
☐ ③確認 ☐ ⑥コンテンツ・シャドーイング

---

amazing = surprising: 驚くべき、素晴らしい

anticipation: 期待感

publish: 出版する

copy: （本などの）冊、部

approximately = about: およそ

tie all of the loose ends up together: 未解決になっている問題を全て処理する

admittedly: 正直なところ

maintain: 維持する

continuity: 連続性、一貫性

clever: 巧みな

【和訳】
このシリーズで最も素晴らしと思うことのひとつが、第7巻でクライマックスに向かうにつれて、期待感が増していくことです。第7巻がついに出版されたときには、世界中いたるところで興奮が感じられました。特に子どもたちの間で。私も本が出版された日に1冊いただき、およそ18時間で読んでしまいました。読み終わったときには、口を開けたまましばらく座り込み、彼女、つまりJ.K. ローリングが未解決になっていた問題をすべて処理して、最後の話を完結させるやり方の素晴らしさにすっかり感心させられていました。ストーリーの中には残念な個所も正直いくつかありますが、シリーズ全体を通じて一貫性を維持した彼女の手法、それからハリー・ポッターの世界を壊すことなく、シリーズを完結できたことは、非常に見事な手腕だったと思います。

キノコ： ふんふん、なるほど。

博士： その結果が、読み終えた後、I sat back with my mouth openってとこによく現れてるね。tie all of the loose ends up togetherという表現から、バラバラの毛糸の端っこを一本の束にまとめ上げる感じがよくわかる。maintain continuity（話の一貫性を保つ）や without too much damage to...（……を破綻させることなく）も小説家らしい表現だね。

Section4 〔Track 91〕

第1巻を読み直して感じたこと

Once I had finished reading volume seven, / I left a space of about a month and then decided I wanted to return to the beginning of the series / to see if my thoughts, / uh, my opinions of the first book, remained the same or had changed at all. / And, to be frank, / I was completely amazed at the level of writing / that, at least the differences in the level of writing in the first book and the last. / It's almost as if J.K. Rowling had planned to increase the level of the writing / gradually throughout the whole series so that the children who read it, their, uh, level of reading ability could improve together with the books. / The first book of the series is aimed at children of about eight years old; / however, / the last book of the series, volume seven, / is probably aged (aimed) at children of about fifteen, sixteen or maybe even seventeen. / However, / the wondrous thing that J.K. Rowling has managed to achieve with these books / is the fact that small children— eight, nine or ten— can also read / the— volume seven and understand it perfectly well / because of the training she has provided them with / in the earlier books. / In other words, / she's taught an entire generation of children to read at a higher level than could normally be expected.

キノコ：英語がよくわからないから日本語訳を読んじゃう。
博士：いいよ、それで。英語を読んだりリスニングする前にしっかり日本語を読んでいてもいいくらい。ここはベルトンさんのローリング評価の極めつけと言ってもいい。
キノコ：どういうこと。新たなamazing storyなの？
博士：ベルトンさんがamazed atしたことはたくさんあるんだけど、

remain the same: 同じままでいる

to be frank = to be honest: 率直に言うと

gradually: 徐々に

aimed at...: 〜向け

aged at: aimed at の言い間違いと思われる

wondrous: 驚くべき

achieve: 成し遂げる

【和訳】
第7巻を読み終えてから1カ月ほど間隔をあけて、シリーズの第1巻に戻ってみることにしました。第1巻に対する自分の考えというか意見が同じままか、それとも変わっているのか確かめてみるためです。文章のレベルと、少なくとも第1巻と最終巻における文章のレベルの違いに正直驚きました。それはまるで、J.K. ローリングがシリーズを通して文章のレベルを徐々に上げていって、読み進めるにつれて子どもたちが読解能力を向上させていけるように最初から計画していたかのようでした。シリーズの第1巻は8歳くらいの子どもたちがターゲットですが、最終巻である第7巻は15、16歳、あるいは17歳くらいの子どもたち向けであるようです。しかし、このシリーズでJ.K. ローリングが成し遂げた驚くべきことは、8歳から10歳くらいの小さな子どもたちでも、最初の6巻で訓練を積んでいれば、第7巻を読んでも完全に理解できるということです。つまり、彼女はこの世代の子どもたちが一般的に期待されているよりも高いレベルで読書ができるように教え込んだというわけです。

中でもシリーズを通じて increase the level of writing したって言うんだね。「ハリー・ポッター」シリーズの第1巻はだいたい8歳くらいの子どもを対象にしていて、第7巻は15歳くらいを対象にした文章なんだけど、驚くべきは8歳の子でも順番に読み進めていくと、第7巻もちゃんと読めちゃうんだ。

キノコ: 考えてみるとそれってすごいことね。

博士: ベルトンさんは、第1巻に戻ってみてローリングの文章の教育的な力に気がついたんだね。子どもが知らずのうちに読めるようになっていくという。

Self-Check Test

Unit 5の仕上げです。次の英文をシャドーイングしてみましょう。自分の声を録音して、下の　　　で囲んだ個所が発音できているかどうかをチェックしてみましょう。1問4点です。100点満点で換算して記録してください。下に評価と今後の練習のアドバイスが書いてありますので、参考にしてください。

> (Track 91) Once I had finished reading volume seven, I left a space of about a month and then decided I wanted to return to the beginning of the series to see if my thoughts, uh, my opinions of the first book, remained the same or had changed at all. And, to be frank, I was completely amazed at the level of writing that, at least the differences in the level of writing in the first book and the last. It's almost as if J.K. Rowling had planned to increase the level of the writing gradually throughout the whole series so that the children who read it, their, uh, level of reading ability could improve together with the books. The first book of the series is aimed at children of about eight years old; however, the last book of the series, volume seven, is probably aged at children of about fifteen, sixteen or maybe even seventeen.

チェックポイント数　　／25　　　　　　　　　　　_____点

評価とアドバイス

レベル4	**100〜80**	ベルトンさんの話を聞きながらコンテンツ・シャドーイングで意味をスラスラ追えたら言うことはありません。
レベル3	**79〜60**	スピードは大丈夫ですね。シャドーイングでベルトンさんの特徴を表現してみましょう。
レベル2	**59〜40**	読みのレベルについての話だということをイメージ。シンクロ・リーディングでベルトンさんのイントネーションを捉えましょう。
レベル1	**39〜0**	ベルトンさんは、小説家の視点で語っていることを念頭におきましょう。音読で言葉を口に馴染ませてもう一度。

Column #04　模倣について

　シャドーイングは聞いた音を瞬間的に再構成して発話する訓練法ですから、ひとつの模倣行為です。近年、この模倣が学習の大変重要な要素として注目が集まっているので、お話しましょう。

　たとえば、猿の前で人が本をつかむ動作をすると、猿の脳内で自身のつかむ動作を行う部分の神経が活性化するという報告があります（Rizzolatti, 2004）。これは実際に自分が動作をしているのではなくても、視覚的に見ただけでひとつの経験が脳内に模倣的に発生していることになります。もしそうならば、スポーツ選手がイメージトレーニングしますが、それはまさに見ながら脳内で模倣することによってひとつの擬似的経験が起こっているのだとも考えられることになります。

　また、ウグイスの鳴き声は3月と6月では異なり、鳴き方が学習されていると言われますが、小鳥の鳴き方の学習研究でも興味深い記述があります（岡ノ谷, 2004）。それは仲間の上手なさえずりをモデルとして聞いて、自分の下手なさえずりと聴覚的なすり合わせを行いながら運動的に改善をはかっていくというものです。

　さらに、ヒトの赤ちゃんはすでに生後4カ月くらいで、赤ちゃんの発する声にお母さんがオウム返しで返してくる声に、再び同じタイプの発声で返す、ということが頻繁に見られる（正高, 2006）とも言われています。こういったことをつなぎ合わせると、ことばの学習においては、モデル音声を聞きながら運動的に繰り返すことで音のテンプレートともいうべきものが作られていくのではないかということが考えられるのです。

　シャドーイングが直接的にそういった働きかけを行っているというデータはまだありませんが、そういう可能性は十分ありそうだと思えるのです。

Rizzolatti, G., and Craighero, L. (2004). The mirror-neuron system. *Annual Review of Neuroscience*, 27, 169-192.

正高信男(2006) 『0歳児がことばを獲得するとき』 中公新書1136, 東京：中央公論新社.

正高信男(2006) 『子どもはことばをからだで覚える』 中公新書1583, *p.*148. 東京：中央公論新社.

岡ノ谷一夫(2004) 『小鳥の歌からヒトの言葉へ』 岩波科学ライブラリー 92, 東京：岩波書店.

玉井 健（たまい けん）

公立高校で 15 年間教鞭をとる。SIT（米国）で MA、神戸大学で博士（学術）。神戸市外国語大学名誉教授、高知リハビリテーション専門職大学言語聴覚学専攻教授。関心分野はリフレクティブ・プラクティスによる教師教育、リスニング指導法研究。著書：『リフレクティブな英語教育をめざして』〔共著〕（ひつじ書房）、『リスニング指導法としてのシャドーイングの効果に関する研究』（風間書房）、『決定版 英語シャドーイング〈入門編〉改訂新版』、『決定版 英語シャドーイング 改訂新版』〔共著〕、『英語シャドーイング練習帳』〔共著〕（コスモピア）、『リフレクティブ・プラクティス入門』〔共著〕（ひつじ書房）など。趣味は陶芸、テニス。

決定版英語シャドーイング 超入門
【改訂新版】

著者：玉井 健

2008 年 5 月 1 日　初版第 1 刷発行
2022 年 4 月 15 日　初版第 11 刷発行
2023 年 12 月 5 日　改訂新版第 1 刷発行
2024 年 8 月 5 日　改訂新版第 2 刷発行

装丁：松本田鶴子
英文校正：ソニア・マーシャル、イアン・マーティン

表紙画像：Perfect PNG/Adobe Stock
本文イラスト：近藤敏範、鈴木純子
写真：NANA直信社、Kitamaesen Co., LTD/KODO
DTP：青島律子
協力：市川 恵

発行人：坂本由子
発行所：コスモピア株式会社
〒 151-0053 東京都渋谷区代々木 4-36-4 MC ビル 2F
営業部：Tel: 03-5302-8378 email: mas@cosmopier.com
編集部：Tel: 03-5302-8379 email: editorial@cosmopier.com

https://www.cosmopier.com/（コスモピア公式ホームページ）
https://e-st.cosmopier.com/（コスモピア e ステーション）
https://kids-ebc.com/（子ども英語ブッククラブ）

印刷・製本／シナノ印刷株式会社
音声編集／株式会社メディアスタイリスト

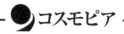

コスモピア **e** ステーション

PC/スマホ/
タブレット対応

eステ

コスモピアが提供する英語学習のための
e-learning マルチプラットホーム
https://e-st.cosmopier.com

英語多読の森 読み放題コース

毎月 880 円 (税込)

英語の基礎を作るための Graded Readers や Leveled Readers などが読み放題のコースです。レベルや興味にそって読み進めることができるように、さまざまな出版社にご協力をいただき、リーディングの素材を集めました。レベル0〜6と7段階に分かれた英語の読み物をジャンル別に選んで読み進めることができます。すべての読み物は音声付きです。

特徴
● やさしい英語の本が読み放題
● 読んだ語数は自動でカウント
● すべての素材は音声つき
　（速度調節機能あり）
● 音声を使ったシャドーイング練習
　（録音機能つき）
● どんどん増えるコンテンツ

ジャンル、レベル、シリーズ、語数などで検索できます。

読む速さをチェックできます。

PC版では作品部分を全画面表示で読むことができます。

内容をきちんと理解しているかをチェックできるリーディングクイズもついています。

* 登録コンテンツ数：775
（2019/9/27 時点）

ひとつの素材でこれだけトレーニングできる！

| リーディング | 読速チェック | リーディングクイズ | 聞き読み | リスニング ＊スピード調節機能 | シャドーイング ＊録音機能 | サマライズ ＊ライティング＋模範 |

登録シリーズ一部紹介：Building Blocks Library（mpi）/ ラダーシリーズ（IBC パブリッシング）/ Happy Readers、Smart Readers、I Love Poems、Greek Roman Myths（Happy House）/ Foundations Reading Library、Our World Readers（ナショナルジオグラフィック社）/ Cosmopier Library（コスモピア）

英語多聴ライブラリ 聞き放題コース 毎月 550 円（税込）

「英語聞き放題」コースの学習の中心は「シャドーイング」です。シャドーイングとは、テキストを見ないで流れてくる音声を聞きながら、影のように後についてその音声をまねて声を出すトレーニングです。テキストを見て行う音読に比べ、リズムとイントネーションが自然に身につきます。また、単語同士の音の繋がりに強くなり、会話のスピードに慣れていきます。頭の中では文法や意味も自然に意識され、リスニング力・スピーキング力がアップします。

特徴
●レッスンの中心はシャドーイング
　（リスニング＆スピーキング力アップに効果あり）
●厳選されたオリジナル教材多数
●聞いた語数は自動でカウント
●自分のシャドーイング音声を録音できる
●どんどん増えるコンテンツ
　（最新ニュースや動画付き学習素材、『多聴多読マガジン』のコンテンツなど）

▼音声タイプ（会話 / スピーチ / インタビュー）や、素材のジャンル（フィクション / ノンフィクション / ビジネス）をレベル別に検索できます。

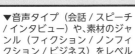

◀トレーニング画面のイメージ。各コンテンツには、スクリプト、語注、訳がついています。

◀自分の音声を録音し、ダウンロードして、モデル音声と比較することができます。

▶シャドーイング画面では、スクリプトは表示されません。モデル音声だけを頼りに、まねをしてみましょう。

朝、会社に出勤したマークがなぜか息切れしています

(at the office)
Aki: Morning, Mark. Hey, are you OK? You seem out of breath.
Mark: I overslept and missed my usual train. I ran here from the station.
Aki: You're not a morning person, are you?
Mark: Not at all. Are you?
Aki: Yeah. Lately I get up at 5.30.
Mark: You're kidding! Why?
Aki: I wake up early. I always take a walk with my dog, and then I make bre
Mark: I'm impressed. I don't have breakfast at all.
Aki: Really? Having no breakfast is bad for your health.
Mark: Maybe, but I'd rather sleep than have breakfast.

▶ rec　stop

✓ シャドーイング

音声を聞きながら、テキストは見ずに①聞こえてくる音声の通りに次に②意味を考えながら発話者になりきって声に出して言ってみる

65校からの創業

ひとつの素材でこれだけトレーニングできる！

リスニング	意味チェック	聞き読み	パラレル・リーディング	シャドーイング
※動画付きコンテンツもあり	※スクリプト、語注、訳	※内容を理解しながら黙読	※テキストを見ながら声に出す	※音声の後について声に出す

執筆陣

長沼 君主
東海大学教授
シリーズ・テスト監修

門田 修平
関西学院大学・
大学院教授
シリーズ・アドバイザー

岡本茂紀
オフィス LEPS 代表
「基礎コース」
「実践コース」

川本佐奈恵
English Time 主宰
「基礎コース」

田中 宏昌
明星大学教授
小林いづみ
IT 企業人事担当
「実践コース」

高橋 朋子
アメリカ創価大学
大学院長・教授
「実践コース」

阿部 一
阿部一英語総合
研究所 (英総研) 所長
「実践コース」

ご受講のご案内　※ご受講にはインターネットが使える環境が必要です

声に出す！
スピーキング基礎コース

期間 3 カ月

受講料 【基本パック】20,900 円 (税込)

【オンライン・レッスン付きフルパック】25,300 円 (税込)

オンライン・レッスン 12 回 (週 1 回× 15 分)

教材内容
- スタートアップガイド
- テキスト (A5 サイズ) 3 冊
- mp3 音声収録 CD-ROM 3 枚
- 副教材「英語習慣 100 日手帳」
- 選択テスト (Web 受験) 3 回
- 音声テスト (Web 受験) 3 回
- 修了証書

どんどん話せる！
スピーキング実践コース

期間 4 カ月

受講料 【基本パック】30,800 円 (税込)

【オンライン・レッスン付きフルパック】37,400 円 (税込)

オンライン・レッスン 16 回 (週 1 回× 20 分)

教材内容
- スタートアップガイド
- テキスト (A5 サイズ) 4 冊
- mp3 音声収録 CD-ROM 4 枚
- 副教材「英語習慣 120 日手帳」
- 選択テスト (Web 受験) 4 回
- 音声テスト (Web 受験) 4 回
- 修了証書

■テキスト試し読み・音声試聴ができます
→ **www.cosmopier.com/tsushintop/**

■教材はお申し込み受付から1週間以内にお届けいたします

**全コース、スマホでも
学べる音声付き電子版
が使えます！**

お申込方法

■ **コスモピア・オンラインショップ**　　https:// www.cosmopier.net/

＊クレジットカード一括払いとなります